杭州优秀传统文化丛书
Hangzhou Youxiu Chuantong Wenhua Congshu

穿越历史来看你

刘采采——著

杭州出版社

图书在版编目（CIP）数据

穿越历史来看你 / 刘采采著. -- 杭州：杭州出版社，2022.8
（杭州优秀传统文化丛书）
ISBN 978-7-5565-1852-4

Ⅰ.①穿… Ⅱ.①刘… Ⅲ.①文化史—杭州 Ⅳ.①K295.51

中国版本图书馆 CIP 数据核字（2022）第 132879 号

Chuanyue Lishi Lai Kan Ni

穿越历史来看你

刘采采 著

责任编辑	俞倩楠
装帧设计	章雨洁
美术编辑	祁睿一
责任印务	姚 霖
出版发行	杭州出版社（杭州市西湖文化广场32号6楼）
	电话：0571-87997719　邮编：310014
	网址：www.hzcbs.com
排　版	浙江时代出版服务有限公司
印　刷	天津画中画印刷有限公司
经　销	新华书店
开　本	710 mm × 1000 mm　1/16
印　张	13.75
字　数	169千
版 印 次	2022年8月第1版　2022年8月第1次印刷
书　号	ISBN 978-7-5565-1852-4
定　价	58.00元

（版权所有　侵权必究）

序言

文化是城市最高和最终的价值

我们所居住的城市，不仅是人类文明的成果，也是人们日常生活的家园。各个时期的文化遗产像一部部史书，记录着城市的沧桑岁月。唯有保留下这些具有特殊意义的文化遗产，才能使我们今后的文化创造具有不间断的基础支撑，也才能使我们今天和未来的生活更美好。

对于中华文明的认知，我们还处在一个不断提升认识的过程中。

过去，人们把中华文化理解成"黄河文化""黄土地文化"。随着考古新发现和学界对中华文明起源研究的深入，人们发现，除了黄河文化之外，长江文化也是中华文化的重要源头。杭州是中国七大古都之一，也是七大古都中最南方的历史文化名城。杭州历时四年，出版一套"杭州优秀传统文化丛书"，挖掘和传播位于长江流域、中国最南方的古都文化经典，这是弘扬中华优秀传统文化的善举。通过图书这一载体，人们能够静静地品味古代流传下来的丰富文化，完善自己对山水、遗迹、书画、辞章、工艺、风俗、名人等文化类型的认知。读过相关的书后，再走进博物馆或观赏文化景观，看到的历史遗存，将是另一番面貌。

过去一直有人在质疑，中国只有三千年文明，何谈五千年文明史？事实上，我们的考古学家和历史学者一直在努力，不断发掘的有如满天星斗般的考古成果，实证了五千年文明。从东北的辽河流域到黄河、长江流域，特别是杭州良渚古城遗址以距今5300—4300年的历史，以夯土高台、合围城墙以及规模宏大的水利工程等史前遗迹的发现，系统实证了古国的概念和文明的诞生，使世人确信：这里是古代国家的起源，是重要的文明发祥地。我以前从来不发微博，发的第一篇微博，就是关于良渚古城遗址的内容，喜获很高的关注度。

我一直关注各地对文化遗产的保护情况。第一次去良渚遗址时，当时正在开展考古遗址保护规划的制订，遇到的最大难题是遗址区域内有很多乡镇企业和临时建筑，环境保护问题十分突出。后来再去良渚遗址，让我感到一次次震撼：那些"压"在遗址上面的单位和建筑物相继被迁移和清理，良渚遗址成为一座国家级考古遗址公园，成为让参观者流连忘返的地方，把深埋在地下的考古遗址用生动形象的"语言"展示出来，成为让普通观众能够看懂、让青少年学生也能喜欢上的中华文明圣地。当年杭州提出西湖申报世界文化遗产时，我认为这是一项需要付出极大努力才能完成的任务。西湖位于蓬勃发展的大城市核心区域，西湖的特色是"三面云山一面城"，三面云山内不能出现任何侵害西湖文化景观的新建筑，做得到吗？十年申遗路，杭州市付出了极大的努力，今天无论是漫步苏堤、白堤，还是荡舟西湖里，都看不到任何一座不和谐的建筑，杭州做到了，西湖成功了。伴随着西湖申报世界文化遗产，杭州城市发展也坚定不移地从"西湖时代"迈向了"钱塘江时代"，气势磅礴地建起了杭州新城。

从文化景观到历史街区，从文物古迹到地方民居，众多文化遗产都是形成一座城市记忆的历史物证，也是一座城市文化价值的体现。杭州为了把地方传统文化这个大概念，变成一个社会民众易于掌握的清晰认识，将这套丛书概括为城史文化、山水文化、遗迹文化、辞章文化、艺术文化、工艺文化、风俗文化、起居文化、名人文化和思想文化十个系列。尽管这种概括还有可以探讨的地方，但也可以看作是一种务实之举，使市民百姓对地域文化的理解，有一个清晰完整、好读好记的载体。

传统文化和文化传统不是一个概念。传统文化背后蕴含的那些精神价值，才是文化传统。文化传统需要经过学者的研究提炼，将具有传承意义的传统文化提炼成文化传统。杭州与丛书作者在创作方面作了种种古为今用、古今观照的探讨交流，还专门增加了"思想文化系列"，从杭州古代的商业理念、中医思想、教育观念、科技精神等方面，集中挖掘提炼产生于杭州古城历史中灵魂性的文化精粹。这样的安排，是对传统文化内容把握和传播方式的理性思考。

继承传统文化，有一个继承什么和怎样继承的问题。传统文化是百年乃至千年以前的历史遗存，这些遗存的价值，有的已经被现代社会抛弃，也有的需要在新的历史条件下适当转化，唯有把传统文化中这些永恒的基本价值继承下来，才能构成当代社会的文化基石和精神营养。这套丛书定位在"优秀传统文化"上，显然是注意到了这个问题的重要性。在尊重作者写作风格、梳理和讲好"杭州故事"的同时，通过系列专家组、文艺评论组、综合评审组和编辑部、编委会多层面研读，和作者虚心交流，努力去粗取精，古为今用，这种对文化建设工作的敬畏和温情，值得推崇。

人民群众才是传统文化的真正主人。百年以来，中华传统文化受到过几次大的冲击。弘扬优秀传统文化，需要文化人士投身其中，但唯有让大众乐于接受传统文化，文化人士的所有努力才有最终价值。有人说我爱讲"段子"，其实我是在讲故事，希望用生动的语言争取听众。今天我们更重要的使命，是把历史文化前世今生的故事讲给大家听，告诉人们古代文化与现实生活的关系。这套丛书为了达到"轻阅读、易传播"的效果，一改以文史专家为主作为写作团队的习惯做法，邀请省内外作家担任主创团队，组织文史专家、文艺评论家协助把关建言，用历史故事带出传统文化，以细腻的对话和情节蕴含文化传统，辅以音视频等其他传播方式，不失为让传统文化走进千家万户的有益尝试。

中华文化是建立于不同区域文化特质基础之上的。作为中国的文化古都，杭州文化传统中有很多中华文化的典型特征，例如，中国人的自然观主张"天人合一"，相信"人与天地万物为一体"。在古代杭州老百姓的认知里，由于生活在自然天成的山水美景中，由于风调雨顺带来了富庶江南，勤于劳作又使杭州人得以"有闲"，人们较早对自然生态有了独特的敬畏和珍爱的态度。他们爱惜自然之力，善于农作物轮作，注意让生产资料休养生息；珍惜生态之力，精于探索自然天成的生活方式，在烹饪、茶饮、中医、养生等方面做到了天人相通；怜惜劳作之力，长于边劳动、边休闲娱乐和进行民俗、艺术创作，做到生产和生活的和谐统一。如果说"天人合一"是古代思想家们的哲学信仰，那么"亲近山水，讲求品赏"，应该是古代杭州人的生动实践，并成为影响后世的生活理念。

再如，中华文化的另一个特点是不远征、不排外，这体现了它的包容性。儒学对佛学的包容态度也说明了这一点，对来自远方的思想能够宽容接纳。在我们国家的东西南北甚至是偏远地区，老百姓的好客和包容也司空见惯，对异风异俗有一种欣赏的态度。杭州自古以来气候温润、山水秀美的自然条件，以及交通便利、商贾云集的经济优势，使其成为一个人口流动频繁的城市。历史上经历的"永嘉之乱，衣冠南渡"，"安史之乱，流民南移"，特别是"靖康之变，宋廷南迁"，这三次北方人口大迁移，使杭州人对外来文化的包容度较高。自古以来，吴越文化、南宋文化和北方移民文化的浸润，特别是唐宋以后各地商人、各大商帮在杭州的聚集和活动，给杭州商业文化的发展提供了丰富营养，使杭州人既留恋杭州的好山好水，又能用一种相对超脱的眼光，关注和包容家乡之外的社会万象。这种古都文化，也代表了中华文化的包容性特征。

城市文化保护与城市对外开放并不矛盾，反而相辅相成。古今中外的城市，凡是能够吸引人们关注的，都得益于与其他文化的碰撞和交流。现代城市要在对外交往的发展中，进行长期和持久的文化再造，并在再造中创造新的文化。杭州这套丛书，在尽数杭州各色传统文化经典时，有心安排了"古代杭州与国内城市的交往""古代杭州和国外城市的交往"两个选题，一个自古开放的城市形象，就在其中。

"杭州优秀传统文化丛书"团队在传统和现代的结合上，想了很多办法，做了很多努力。传统文化丛书要得到广大读者接受，不是件简单的事。我们已经走在现代化的路上，传统和现代的融合，不容易做好，需要扎扎实实地做，也需要非凡的创造力。因为，文化是城市功能的最高价值，也是城市功能的最终价值。从"功能城市"走向"文化城市"，就是这种质的飞跃的核心理念与终极目标。

2020 年 9 月

（单霁翔，中国文物学会会长）

湖山佳趣图（局部）

目　录

第一章
海的儿子——跨湖桥遗址

002　最后一个弟子
008　大旱
020　祭祀
025　卦

第二章
神使——良渚古城遗址

046　粳稻
050　国巫薏苡
065　玉雕燕子
073　神使归位
082　泽与禹
085　朱欶戋石，网虎石封
097　不负

第三章

以民为本——临安吴越国王陵

- 108　江山犹是昔人非
- 113　陌上花开，可缓缓归矣
- 127　善事中国
- 131　千年名门望族，两浙第一世家

第四章

梦回南宋，春秋烟雨——南宋临安城遗址

- 138　靖康之耻
- 146　苗刘兵变
- 152　百万生聚妙行寺
- 162　宋嫂鱼羹唤乡愁
- 172　临安府

第五章

雨过天青云破处——南宋瓷窑遗址

- 178　高师古
- 186　温如玉
- 194　碎片
- 198　千年以后

第一章

海的儿子——跨湖桥遗址

最后一个弟子

寻寻觅觅，阿舟终于找到了一棵品相极佳、适合凿舟的马尾松。[1]他拍了拍树干，像是在同久别重逢的老朋友打招呼。这棵树的树干挺拔粗大，一个人是抱不全的。阿舟围着它走了好几圈，每一步都在丈量它的用途。几圈下来，心中已经有了谱子。他从下到上，又从上到下地打量着这棵树，倘若……当然，是倘若运气好，技术也好的情况下，说不定是可以用它凿出两叶舟的。

当然，阿舟也知道这种可能性是极小的，它的"可能"总与"不可能"如影随形，"成功"与"失败"就像他手掌的正面与反面，他早就有了心理准备，但仍然想以最乐观的心态去面对这件事。砍树是一件十分辛苦也十分考验耐心的事情。阿舟年轻力壮，也是千辛万苦地砍了七八天，砍断掉了七八个锋利的石锛[2]，又是焚烧又是挖凿的，才总算是将这棵树给砍断了。可树虽断了，运输却是一大难题。非一人所能，需一群人才行。

砍断了这棵马尾松，阿舟欢欣雀跃地跑下山去，向师父禀告。

族长与阿舟师父海叔自然晓得那棵树有多粗壮，于

---

[1]《舟立潮头——跨湖桥卷》第67页："经鉴定，独木舟的材质为马尾松。"

[2]《舟立潮头——跨湖桥卷》第69页："石锛是木器制作和独木舟加工修理的重要工具。"

是在村子里奔走相告，召集了族中二三十个青壮汉子。大家围着这棵马尾松七嘴八舌地商量着运输方法，又是砍了小树，搓了藤绳，又是就地剃掉枝枝丫丫以减轻负担，大家齐心协力好几天，才终于将这棵马尾松运到了山下，又运到了建在临海位置的造船工厂里来。

造船工厂，是这个部族最为重要的地方，甚至比每个人的家都重要。顾名思义，造船工厂便是制造船只的地方，是大家以阖族之力，齐心建造起来的，从祖先们选择留在这里生活开始，造船工厂便也就存在了。海叔是造船工厂的负责人，他的母亲、祖母、曾祖母，甚至更早的祖先，都精于此道。他是在造船工厂里出生的，他的家，也建在造船工厂里。

"如果添上这两叶的话，那么族里便有十叶舟了。"海叔看着眼前这根质地上乘的木料，颇感欣慰地叹道。

"是吗？我们马上就可以拥有十叶舟了吗？"族长欣喜不已，有些不敢相信，咧开嘴笑，将询问的目光投向海叔。

造舟

海叔从腰带上解下一根打了结的麻绳，一个接一个，仔仔细细地数了数绳子上的结，最后确定了数目，于是脸上绽开一个深深的笑，十分肯定地点了点头，同族长道："是的，族长。待我们凿够了十叶舟，就能组成船队，出更远的海，打到更多更大的鱼。"

说到这里，海叔那张被岁月侵蚀已如老树皮般皱皱巴巴的晦暗脸庞，仿佛被太阳点亮了一般，散发出耀眼的光。

站在一旁的阿舟也很高兴，笑容在他年轻的脸庞上打出了皱褶。他完全能明白师父的笑容里蕴藏着什么。出更远的海，打更多更大的鱼，是生活在海边的他们永恒的追求与无上的光荣，是他们一代又一代人传递下来的理想。

师父的年纪不小了，但具体有多少岁，阿舟却是不晓得的。在他的印象里，师父似乎一直都这么老。从他第一眼见到师父，师父就长这个样子，他的脸上沟壑纵横，双目蕴藏着智慧之光，看起来深不可测，这令他仿佛和这个古老的、沿海而居的部族一样老。不仅如此，阿舟觉得师父十分特别，他长得和族里的老人们不太一样。也不知道是不是因为长期使用石锛的缘故，师父的双手像岩石一样坚硬粗糙，脸上的皱纹像被风雕刻过一般。他的头发是雪白的，像被雪染过一样的白，身子一直是弯曲佝偻的模样，在阳光下远远看去，就像一只被煮熟的虾……

阿舟知道，这些都是岁月留给师父的勋章。

但即便是这样一个风烛残年的老人，却依然拥有着一个光辉灿烂的梦想。

他告诉阿舟，乘风破浪，扬帆起航，应当是作为海的儿子才会拥有的永恒抱负。

阿舟明白，他与族中青年人的使命皆在于此。

十年前，在一次族人对落单鳄鱼的围剿驱赶行动中，由于不幸陷入鳄鱼群中，导致围剿驱赶行动以失败告终，部族损失十分惨重，六岁的阿舟也永远地失去了他的母亲。阿舟的祖母是一族之巫，对于部族突如其来的厄运，她险些无法承受打击。若不是阿舟稚嫩的小手轻轻牵扯她的衣袖，她也许已经追随族人而去。她擦干泪水，并相信一切都是天意。尔后，祖母虔诚地拜过天地四方，又掬了一捧清水净手净脸，再拿出龟甲卜卦。看罢卦象以后，老祖母叹了口气，牵着阿舟的手来到海叔跟前，让阿舟拜海叔为师。

"跪下吧孩子，从此以后，你便是海的儿子。"祖母的声音充满着嘱托与期望。

阿舟懵懵懂懂地跪下，朝着海叔磕了三个响头，用稚气却响亮的声音，清脆地喊了一声："师父！"

阿舟年纪小，还不知道什么叫未来，什么叫前途，什么叫命运，只听祖母说，只有依靠眼前的这位老人，才能支起他生命的船帆。所以他才老老实实地跪下磕了头，并暗自立誓在往后的日子里，要竭尽全力去恪守一个徒弟应尽的本分，去履行海的儿子应当的责任。

彼时的海叔似乎就已经老成了如今这个样子，他摇摇晃晃地走在路上，仿佛是一片长在枯树上的摇摇欲坠的树叶。阿舟听说，海叔过去拥有过许多弟子，他们都是小小的年纪便来到这里，从打磨石锛开始学习，直到

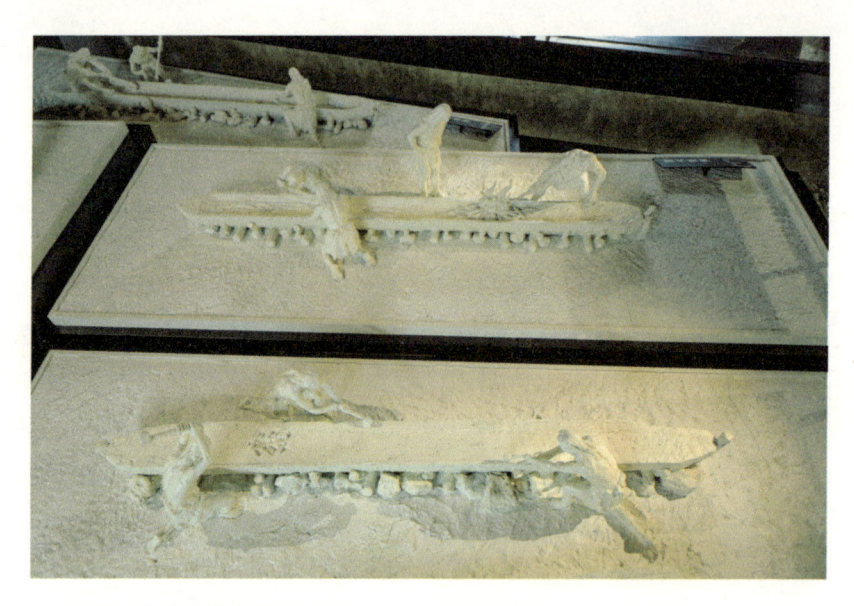

独木舟制作过程

能够独立造出一叶舟。

有的弟子造了舟，出海之后就再也没有回来过，仿佛是已经将自己归还给了大海。

有的弟子则嫌这门手艺太过艰苦，没学几年，就改行做了猎人去，仿佛是将自己归还给了人海。

还有一些年纪比较大的，对出海和打猎都没有多少兴趣的，就跟在海叔的左右，和海叔一样，闲时打猎，采集野果，驯养野兽，忙时再收拾工具，到造船工厂里来，造造舟，补补舟，和师父、师兄弟们聊一聊年轻时候曾有过却未能实现的梦想。

阿舟是海叔众多弟子里最为年轻的一个，但似乎也是最后一个了。造船的工作辛苦倒是其次，最要紧的是枯燥乏味，日复一日、年复一年地重复着同样的动作，好不容易造就了一艘船，却并不是每次都能满载而归。邻近的这片海域所孕育的鱼虾海产，已经逐渐无法满足部族的基本需要。更重要的一点，是部族里绝大多数的年轻人对于这片狭隘且并不算富饶的土地充满了疑惑与不满，还有这里层出不穷的凶猛野兽，总是令部族损失惨重。年轻人们纷纷开始往外寻找更加利于生存繁衍的地方。

眼见着年轻的族人越来越少，族长感到忧心忡忡。他食不能下咽，夜不能安眠，整日里都皱着眉头，将眉头皱成了深深的、无法舒展的沟壑。他常常忐忑不安地去询问族巫和海叔，会不会有朝一日，大海枯竭了，而这片他们祖祖辈辈生活了千年万载的土地上，再也没有猎物供给，再也没有族人活动的身影。

对于族长的担忧，族巫沉默不语，海叔却十分看得开。他劝慰族长，道："放心吧，只要海水没有干涸，只要船舟还能航行，这个世界就永远都会有海的儿子。"

"大海会干涸吗？"

"大海又怎么可能干涸呢！"

大　旱

　　今年的气候有些诡异，对这片土地不算十分友好。在本来该放晴的日子里，整月整月地落雨；到了本来该落雨的时候呢，又整月整月地暴晒。风雨和太阳，都显得不太矜持，甚至有些过分热情。

　　正因为今年气候的异常，所以植物的生长也显得有些与众不同，不太正常。该结果的没有结果，不该结果的，索性连叶子也都懒得发了。

　　这样就导致黍稻瓜果的采集结果也不是太理想。女人们每天都要带着孩子走很远很远的路，直到走得身心疲乏，才有可能寻到一丁点的浆果。而这些千辛万苦得来的浆果，根本就不够果腹。

　　眼见冬日临近，过冬的食物却还没有备齐，族长愁眉不展，整日里忧心忡忡。实在是没有办法了，族长决定率领族里的年轻人到更远的海域打鱼去。待打回了鱼，再将它们晾晒干了，便可以留到冬季时供给族人食用。

　　可即便如此努力，部族的日子仍然过得十分艰难。

随着旱灾的持续蔓延，过分热烈的太阳吓得海水却了步，都退到了老远的地方去，留下内陆的河海绝望地裸露出它的河床，在太阳的无情暴晒之下，龟裂开来。无数的鱼虾大张着嘴，惨死在这片土地一道又一道的伤口之上，干裂的木头块与凌乱无序的枯树枝随处都是。

这世间万物早已处处都是惨厉之相，天却没有丝毫怜悯，更没有半点肯要下雨的迹象。①

一双粗糙的，生满了茧子，仿佛是以茧子来做鞋子的褐色大脚，小心翼翼地踩到了干枯的树枝上。树枝发出了无助的叹息。

原本躲在灌木丛中觅食的老鼠听见了响动，迅速转身，钻到了洞里去。

环顾四周，毫无生机，枯树枯草，枯叶连天，天仿佛也枯萎了似的。族长不禁发出一声沉沉的叹息，和被他踩在脚下的枯叶一样，无助，绝望。他牢牢握在手中的木弓也被垂了下来。那是一把用桑木制作的长弓，陪伴族长许多年了，是他从不离身的宝贝。这把桑木长弓所配备的武器，是打磨锋利的石块和骨头，每一个都是族长精心打磨而成。由于长期的使用与摩擦，长弓弓臂上的漆已经完全脱落了②，褐色的木料裸露出来。但这并不影响它的美观，也不影响它的作用，它依然是充满力量的猎杀武器。更何况，这把桑木长弓的弦，可不是一般的弦，它是用老虎的筋制作而成的。

至于这根老虎筋的来历，得追溯到二十年前。彼时的族长还很年轻，生得孔武有力，十分强壮，是族人当中能够以一敌百的人物。他外出打猎，万没想到会遇见一头猛虎。实力悬殊，硬拼只会送命。他斗智斗勇，借

①《舟立潮头——跨湖桥卷》第12页："海侵之前的遗址地面存在严重龟裂的迹象。地面龟裂的原因是旱灾，长时间高温会造成土壤水分大量蒸发。"
②《舟立潮头——跨湖桥卷》第95页："令人惊奇的是，这还是一张漆弓。"

穿越历史来看你

HANG ZHOU

湘湖跨湖桥

第一章　海的儿子——跨湖桥遗址

助自然万物，大树与石头，猎捕了一头猛虎。虽然险些因此付出生命——他的半个后背都是抓痕，深可见骨。但最终还是取了老虎的性命，树立赫赫威风，得到族长的位子。

族长勇猛精进，从年轻到年老，都是位能带领族人渡过难关的勇士。这把桑木长弓，是他过命的好兄弟，亦是他的保护神。倘若遇到肥硕的猎物，这把桑木长弓就能成为他猎取食物的得力助手，成为猎物致命的武器；倘若遇到凶猛的野兽，这把桑木长弓就成了他的保护神，可以营救他的性命。[1]

然而因为气候异常，这张神奇的长弓已在很长的一段时间里，失去了它原本的作用。现在的它，仿佛只是族长身为猎人的一个符号，只能证明他曾经勇猛。

非常遗憾，原本生活在这片土地上的猎物们，仿佛也随着海水的退去而彻底地消失了。没有猎物，猎人就没有目标，便无法追逐；长弓也就失去了它的神力，成为猎人身上一个微不足道的装饰挂件而已。

族长凝视着远方，原本凌厉深炯的目光里，此时此刻充满了疑惑与迷茫。对于部族未来的命运，他第一次感到心力不足，无法掌控。

未来，他和他的族人，该何去何从？

没有人能够给他答案。他也参悟不到答案。

邻近山头的几个部族撑不下去了，已纷纷迁走。临行之前，有些族长前来向他道别，并询问："你不打算带大家出去寻寻生路吗？"

---

[1]《舟立潮头——跨湖桥卷》第94页："这张弓虽已残损，但作为弓的特征却十分明确……用坚韧的桑木制作，证明跨湖桥人在选择弓材方面，已经累积了丰富的经验。"

族长叹了口气。他何尝不想呢？

"出去，就一定另有生天吗？"

他的朋友无法回答这个问题，只向他挥了挥手，转身离开了。

前路漫漫，他们今后还能不能再次重逢，谁也无法预见。

但眼前的这片原野毫无生机，甚至未来很长一段时间里，可能也很难恢复，这件事却是显而易见的。

族长沉沉地叹了一口气。

难道离开这片土地是眼下唯一的选择了吗？

此时，从远处跑来了一个人。他一面奔跑一面兴奋地大喊："族长，族长！阿兄他们猎到了一条大鱼！一条好大的鱼！"

由远至近，族长这才看清楚了来人，是阿舟。

"你说什么？猎到了什么？"

"大鱼！好大的一条！够咱们吃好长一段时间的大鱼！"

族长终于听清楚了，不禁万分欣喜，他兴冲冲地迎上前去。因为太过兴奋，他的步伐显得有些零乱，恨不能三步并作两步。

谁料将将行近，又听阿舟说："不过阿兄他们的运气不是太好，虽然猎到了大鱼，却不小心把舟子撞出一个大洞。坏了。"

"什么？"族长心里一痛，皱眉问，"怎么搞的呢？"

"都怪这海水退下去以后，露出了好多礁石，而这些礁石又高低不平，有些藏在水里也看不清楚，行过那里的时候就遇见了，将舟的底部撞出来好大一个洞。"

"啊？"族长脸上的心疼无法掩饰，他按了按自己的胸口，朝阿舟喊道，"走走走，快带我去看看！"

阿舟搀扶着族长跑了两步，突然又顿住了脚步。

"又怎么了？"

"我刚想起来，我要上山去找老漆树。①师父说那个洞能修补的，但需要割点漆回来……我这原本是打算割漆去的。"他说着，朝族长示意了一下手里牢牢握着的陶碗与锋利的石锛。

族长摆了摆手："那你跟着我往回跑做什么呢？快去快去，快去弄点漆回来。"

"好嘞！"阿舟转身，笔直地往山上跑去。

族长看着他的背影，不得不又叹了口气。

在部族靠海最近的地方，有几间棚子。这几间棚子都用了上好的木头搭建而成，棚顶子上面还铺着密密麻麻的芦苇。在棚子旁边，是一个宽敞平坦的坝子。这里

① 《舟立潮头——跨湖桥卷》第96—97页："跨湖桥人不但用漆作为木器的装饰和保护膜，而且利用漆的胶性进行器物的黏补……独木舟的中部，有一个经过修补的洞孔……提取洞孔修补结合面的残余物，经过实验室分析，发现其成分为漆，这说明当时修补采用的黏合剂也是漆。"

是族里造船的工厂。

此时此刻，在这大圆坝子的中央，有一叶孤零零的小舟正被固定在木桩之上。舟的中部，赫然暴露着一个陶碗大的破洞，似与天上暴烈的太阳遥相呼应。

在这破洞周围，围着几个人。白发苍苍的那位便是这造船工厂的负责人——海叔。海叔直直地盯着破洞打量，他的目光未曾挪开一寸，一面看，一面与徒弟们商量该如何修补。

其中一个年纪比海叔年轻不了多少的徒弟，也是不

造船木料

知从何处拿了一根上好的木料，兴冲冲地拖到跟前来，说："师父，您看看这根木料的质地如何？倘若可行的话，咱们要不就用它来修补？"

"是一模一样的木料吗？"

"是一模一样的。"

"那就可行。像这种情况，一定要用同样的木料去做修补，只有同样的木料在遇水之后的反应才是一样的。毕竟出了海，到了水面上去，打鱼人面对的就是九死一生，可是容不得半点儿差池。"海叔说着，拿着木料在洞口处比画比画，心中似乎也有了主意。他点了点头，说："如今就盼着阿舟能寻来修补用的漆了。只要阿舟寻来的树漆够好，就能够将这破洞与补丁补得严丝密合，补好了再晾晒几日，等它晾晒干了，就不怕入海了。水拿这洞也是没辙的。"

说完抬头，海叔便瞧见族长急色匆匆，正快步赶来。

族长一见海叔，便直奔主题，问："海叔，怎么回事啊？到底是捕到了多大的一条鱼啊？听说叫了好些个人才给拖回来的？"

海叔没有回答，只是抬头示意族长看向远处。族长看了过去，只见几个族人正团团围住一头大家伙。那是一头和舟一样长的鲸，可以肯定的是，族人过去从未捕获过如此之巨的"鱼"，一时之间竟然不知从何下手。[1]

族长连忙奔了过去，围着巨鲸转了两圈，不可思议地惊呼："我的天哪，这么大的一头！"

[1]《舟立潮头——跨湖桥卷》第48页："哺乳类动物是海豚或者体型较小的鲸，可能捕获于近海区域的河口地带。"

海叔道:"在河口捕到的,大家用尽办法才把它拖了回来,想着把肉切下来,切成长条晾成干,那么这个冬季也就可以好好过去了。谁能料到在回来的路上却撞上礁石,竟然把舟底给撞了一个洞呢。"见族长眉头紧锁,愁容满面,海叔又慌忙补充道:"你倒也不必过于担心,没什么大碍的,能补上。"

"补好了,这舟还能用吗?"

"当然能。只要补好了,这舟啊,还是很好用的。"

说着,海叔继续拿木料在舟体破损的洞口比画,一面比画,一面用炭块轻轻地在木料上画出与洞口大小形状相当的样子,然后递给徒弟,叮嘱道:"你去旁边点一堆火,把这木块边缘多余之处给烧掉凿掉,千万要仔仔细细,多一点少一点可都是不行的。"

徒弟领命去了。

海叔这才拿过石锛,在破洞处耐心修补。

族长看了看左右,见大家都在忙,于是在地上寻了一处平整的地方,拍了拍灰,一屁股在海叔旁边坐了下来。他也不说话,就静静地瞧着海叔做事。

不一会儿,阿舟的呼喊声自远处传来。

众人望去,只见阿舟怀里抱着一陶碗的生漆,飞奔而来。到了下坡路段,他似乎也是怕生漆会溢出来,又放慢了些脚步,还抬手护了护。但少年人的喜悦总是难以抑制的,他一面跑,一面高声呐喊:"师父,师父,我找到了,我找到了上好的树漆!新割的,上好的树漆!"

"你可跑慢一点,别急,千万别摔了洒了。"

怕他真摔了,海叔赶紧上前,小心翼翼地接过了树漆。

众人连忙凑过来,查看成色。

这时候,一位和他同样年迈的老妇人从角落的窖坑里爬了出来。她很瘦,但十分精神,目光炯炯有神,也是一头白发,雪白的头发在脑后扎了一个团子,扎得仔仔细细,一丝不苟。看得出来,这是位素日里对自己颇为讲究的老太太。她颤巍巍的手中抱着一筐橡子。见族长在,她热情地同族长打了招呼:"族长来了。"

族长起身,向老妇人致意。

待老妇人走远了,族长沉沉地叹了口气:"今年的

跨湖桥遗址博物馆

气候不太正常，寻点吃的特别艰难，好些人家都是拿去年储存的粮食在过，但粮食也总有吃完的时候，倘若再找不到吃的，此地恐怕就不能久留了。隔壁山头上的几个部族，都纷纷搬走了……"

"此事还得去问问族巫，听听她老人家怎么说。我们是留还是去，都是天意决定的，不是我们能决定的。"

"是的，是的。"

族长虽然点头回应，但从他紧皱的眉头和紧抿的双唇，以及看向天空时无助的眼神来看，似乎已经猜到了未来部族将会何去何从。

祭 祀

在这座村子靠山的地方,铺着一条长长的石子路。[1]

阿舟还记得,这条路是在他很小的时候,由族长带领着族中青壮年一起铺筑的。族人们带着对神灵的敬仰与崇拜,将每一颗石头都倾注了情感,再仔仔细细地,一块又一块地,虔诚地嵌进泥土里,最终铺陈出一条精致又庄重的长路。

在这条长路的尽头,是一座高高的土台。

这里是最为神圣的地方,是族巫率领族众进行祭祀、通神祈福的地方。因为地势比较高,所以在大家的心里,认为这个地方与上天的距离、与神的距离也是最近的。这个风俗与认知是从什么时候开始的,已经无人记得。总之,自阿舟记事以来,部族每年都要在这里进行很多次拜祭活动,而这些活动,都是由他的祖母主持。族人对阿舟祖母十分尊敬,他们认为她是神的使者,只有她具备与神对话的资格与能力。所以,他们委托阿舟的祖母,在这座高台祭拜祖先,祭祀太阳,祈求风雨雷电,以及一切可以庇佑他们的神灵。

[1]《舟立潮头——跨湖桥卷》第22页:"跨湖桥遗址却发现了更讲究的由鹅卵石铺筑的'石子路'。"

此时此刻，在这座神圣高台的最顶端，垒放着一些彩色的土陶罐子。这些彩色的土陶罐子，是专门为这次祭祀活动而烧制的。在罐子上面，绘制了许多太阳的纹饰，代表着族人的心愿。而在彩色土陶罐子的最下面一层，则是堆放着几个用黑漆涂抹过的陶罐子。黑漆陶罐是十分珍贵的，族人根本就舍不得用，他们要将自己生活中最好的一切，都供给神灵使用，以换来神灵对自己的庇佑。

所以此时此刻，再来看这高台之上都摆放着什么？这里摆放着的，应该便是这个部族目前为止仅有的最好的一切了吧。

前几日千辛万苦才猎来的鲸肉，被切割成条，整齐有序地盛放在硕大的一个陶瓮里，静静地放置于神台的最高位置。除此之外，族人们各家各户贡献出来，准备

跨湖桥遗址出土的陶罐

献给神灵的贡品，还包括一些栎果、菱角、芡实、橡子、酸枣……

这些原本都是族人往年储存的食物，它们在丰年之时因食之不尽，便被深埋于地底，只为饥荒之年时，再来应急。

谁能料到，原以为永不相见的饥荒之年，如今就在眼前。

族人并不想离开世世代代赖以生存的家园，他们还想着祈求上天的庇佑，祈求祖先显灵，为他们指一条正确的道路。于是，族人用上好的松木、松枝搭建了天梯的模样。他们认为这样做，神灵便能从天而降，族巫也能通过这个天梯，上至天庭，与神灵交流。

吉时已至，在族巫念念有词中，族长跪于地，用砺石磨掉了一把自己的头发，再虔诚地将头发献给族巫。接着，他又五体投地，将手脚在地上使劲摩擦，直至手掌心淌出了血。

独木舟遗迹

族巫接过族长的头发，对着上天叩拜，再将族长的头发放置于用松木、松枝搭建的天梯之上。接着，族巫拿过早就准备好的松枝，将其点燃，再将点燃的松枝递给族长。

袅袅的青烟从枝头涌出。

族长将松枝捧过头顶，双手合十，再缓缓跪下，虔诚祈求。他祈求天上的太阳赐福，祈祷天上的神灵赐雨，祈求万物之灵能怜悯这世间众生，给一条活路。

他将心愿一一倾诉出口，而后上前两步，点燃了用松木、松枝搭建的天梯。

烈火瞬间燃烧起来，袅袅青烟升入云霄，仿佛信使一般，带着珍贵的祭品、族长的头发，以及族人万千殷切的期盼，径自向天冲去，冲破云霄，冲入未知的世界。

族巫开始唱起一首神秘的曲子，并进行一些有规则的舞蹈动作。就这么唱着唱着，族巫陡然抬高了声音，从她沙哑的喉咙里喊出了一声口号。阖族的男女老少听见，皆是齐齐地跪下了。他们跟着族长，在这座高台之前，向着心中的神灵，五体投地地叩拜，每一次都虔诚之至，磕出声响。

一次，两次，三次……直至九次。

最后，所有人都匍匐在地，身体与脸颊都紧紧地贴着这片哺育他们的土地，就像幼年时躺在母亲的怀里，寻求安全，也感受安全。

火还在热烈地燃烧着，忘情地发出噼里啪啦的声响。

对于阖族命运，年迈的族长依然没有多少把握，他其实是无助的，也明白到了走投无路的地步。但无论是以他的身份，还是他的情感，他都无法舍弃这里。于是，他只能一次又一次地在心里祈祷、祈求。浑浊的眼里涌出了晶莹的泪水，翻过他的鼻梁，落在干涸的土地上。水一落地，转瞬即逝。①

---

① 此处的祭祀仪式，由于跨湖桥遗址没有具体的祭祀流程说明，故参考了"成汤求雨"的故事。

卦

第一章 海的儿子——跨湖桥遗址

不知道是不是因为族人的虔诚感动了上苍，这天夜里，突然就刮起了风。

有风来，很可能就会有雨来。一想到这种可能，滚滚的喜悦便随着滚滚的风一道弥漫了整个村庄。其实一开始，这风刮得还不算特别厉害。天上的乌云成群结队地奔涌而来，但很快又被狂风给吹散了去。雨到底来还是不来，并没有一个绝对准确的信号，是不确定的。

可即便如此，大家也兴奋不已。这种兴奋的情感是十分复杂的，仿佛是收到了神灵的某种暗示一般，又仿佛是证明祈祷人在神灵那里多少是有些分量的，否则祈祷也不会收到如此热烈的回应。

大家都兴高采烈，只有三个人，在阿舟家的竹楼上，焦灼地眺望着远方的天。

族长的眉心有一道深深的沟壑，他忧心忡忡，叹道："这风怎的如此淘气，刚刚聚拢的云又给吹散了。看这样子，恐怕是又要落不成雨了。"

海叔坐在地上,他正在雕刻一支船桨。听族长这么说,他停下了手中的活儿,站起身来。他没有看天,却看向了更远的地方——那个地方漆黑一片,什么也看不见。但海叔知道那里有什么。那里有海,而海里,除了拥有族人们赖以生存的食物之外,还有说不清楚的噩梦与无法抗拒的恐怖力量。

海叔又抬起头来,看着异常的天象,心中的担忧愈发严重。他犹豫再三,却不敢贸然地讲出口。

在一旁静默不语的族巫似乎看懂了藏在海叔眉头里难以舒展的愁。她并没有说什么,但毅然转身,回到屋内,小心翼翼地从一块层层叠叠、仔仔细细包裹起来的麻布中取出了一枚龟甲。

她决定卜上一卦。

一直都在旁边耐心伺候着师父、祖母与族长的阿舟,瞧见老祖母的面色陡然一变,心知情况十分不妙。他小心翼翼地为三位长者各自奉上了一碗清水,便在火塘旁边蹲下了。他照看火势,也偷空瞧瞧老祖母的脸色。

也便是此时,屋外的风性情大变,竟然愈发猖狂起来。这一来,便吹得木楼不太稳当,地动山摇般地格格作响。

原本被圈养在木楼底下[①]的狗也不再镇定自若,狂吠的声音充满恐惧。一旁拴着的猪也跳了起来,开始拱门,没命似的撞击,撞得竹楼更是摇摇欲坠。

竹楼上的人如梦初醒一般,惊恐万分地往楼下跑去,可根本就站立不稳。不光是人站立不稳,就连远处的树木也被吹得东倒西歪,甚至有些是拦腰折断了。天已经

① 架空的干栏式建筑是跨湖桥文化时期的主要房屋形态之一。

被乌云盖住了，盖得密密实实。风依然很狂，仿佛是在为乌云助威。很快，乌云迅速集结蔓延，整片天空看起来就像是有一座险峻的大山，正在缓缓地压下来……

族巫一直仰着头，目不转睛地看着这片黑色的天，脸上的表情错综复杂，惊恐万状。

海叔瞥见了她的异常，关切地问："怎么了？"

族巫再次看卦，脸上是不敢相信，不肯相信。她不敢相信自己眼睛所见的，也不敢相信自己过去所学的给予她的判断，更不肯相信，倘若卦象所示属实，她的判断也属实，那么老天之意未免太过残忍了。但她的职业是巫师，从她母亲甚至祖祖辈辈以来，都是巫师。巫师是这个时代代代相传，护佑族民的人，她们对这个世界的认识，总要超于常人。而这些认识，是建立在祖祖辈辈与这个世界打交道的基础上总结出来的经验。族巫知道自己的职责所在，尽管她通过卦象所示做出的判断是连自己也感到不可思议且无法接受的，却还是下定决心，将心中所想告诉部族的领导者。族巫将手中的龟甲放下，看着族长，眼泪夺眶而出，她恐惧的声音带着一丝质疑、一丝侥幸，颤抖说道："族长啊……不好……怕是……怕是大事不妙了！"

是的，大事不妙！

狂风越来越烈，仿佛蕴藏着某种捉摸不透的神秘力量，所到之处，摧枯拉朽。远处的山头也传来了鬼哭狼嚎般的声响——那是风与大山的撞击，或者说，那是大山与风的抗争。大山每发出一次凄厉的呼啸，都像是它在拼尽全力地告诉生活在山这一头的生灵们：快逃啊！

各家各户圈养的动物都拼尽全力地挣脱束缚，有的力大无穷，甚至拖倒了整座木楼。动物们疯了一般往四野奔去。一时之间，天下大乱，兽与人都在惊慌当中、恐惧当中。

族长、族巫、海叔顷刻明白，老天爷留给他们的时间不多了，他们必须离开，并且是马上离开。族巫、族长、海叔分头行动，奔走于各家各户，也是没有多少耐心，便简单粗暴地大吼着让大家立刻离开。他们迎着狂风，奋力敲开、撞开每一户的大门，以极其粗鲁或慌张的方式，唤醒昏睡中的人们。而这些粗暴与慌张，也正如狂风一般急躁。

阿舟年轻，体格也瘦，在狂风中站立不稳，便抱住了一棵大树。他看着祖母与师父还有族长跟跟跄跄的身影，心中顿觉效率太低。左右观察一番，旋即拾捡了一根木棍，再从凌乱的地上摸来一个陶瓮，挣扎着爬上树的半腰——不敢爬高了，怕被风吹走。他用双腿紧紧地夹着树干，再费力地敲打陶瓮，制造响动，让大家都发现了他，他再撕心裂肺地呐喊："大家快走吧！这里不能再生活了！大灾大难就要来啦！"

有些人睡眼惺忪，有些人茫然不知所措，有些人还在努力消化他的话和眼前所看到的恐怖景象。很快，终于有人意识到了问题的严重性，连滚带爬地从屋子里滚了出来，并呼喊周围的人一起跑："快跑啊，大难就要临头了！"

有人没听清楚，来到树下，抬头问："阿舟，到底发生了什么事？"

阿舟看了一眼远方的天，斩钉截铁地喊道："大海

第一章 海的儿子——跨湖桥遗址

跨湖桥遗址出土的陶钵

侵就要来了！这里很快就会被海水给淹没的，大家快逃吧，再不逃就来不及了！"

有些村民相信了他的话，有些却依然执迷不悟，还有些人劝说那些逃跑的人："跑什么跑啊，住在海边不都这样吗？你们说哪年没有狂风暴雨的啊？哪年我们又出大事了呢？放心吧，死不了的！"

有些人开始犹豫了。

阿舟见状，十分生气，将手中的陶瓮朝着那人扔去。那人一躲，陶瓮在他脚边砸成了碎片。

他跳下树来，对那人吼道："你想死就去死，不要拖累其他人！"

他气冲冲地转身朝其他人跑去，不放弃，一遍又一遍，不厌其烦地劝说大家逃走。

狂风越来越凶狠，夹杂着一阵又一阵海的气息。

阿舟意识到处境似乎越来越艰难了，他跑了起来，一边跑一边敲门，一面撕心裂肺地喊："快走啊，快走，不要收拾了！"

有老婆婆颤巍巍地往地窖走："我要去地窖里拿橡果、菱角……"

"不拿了不拿了，再拿命都没了。"他一把阻拦，并将她交给年轻力壮的人，说，"赶紧带她走，往高处走。"

"怎的如此慌张？究竟发生了何事？"

"村子怕是不能住了，海要来了！"

"海？"

"海侵啊！"

……

家家户户，终于如梦初醒。

天空突然下起了小雨。一阵又一阵神秘的呼啸声，从远处传来。

收拾妥当的族人们七七八八地聚集在一起，茫然地望着族巫族长，等待有下一步的指示。

族长也不知何去何从，便请示族巫："大巫，我们该往何处去才是安全的……"

族巫看了一眼奔跑于各家各户高声疾呼的阿舟，面如死灰，颤巍巍地指着远方，道："听阿舟的，他说的没错，我们都往高处去吧，带着家人，现在就走，赶紧走，千万莫要停留！莫再留恋家里的物件了，快走吧！再不走，天怕是就要亡了我族啊！"

"我族究竟是造了什么孽，为什么要遭此灾祸啊！"

"天怒谁知啊！快走吧，往高处走！"

族巫所指的高处，是伫立在村子外的一座山，那是一座很高的山。在那座山上，生长着许多可以制造独木舟的马尾松，还生长着许多可以补舟的漆树。

族长终于如梦初醒，说："阿舟上午才从那山上取了生漆回来，他最是清楚走哪条路，上山可以更快。大家都跟着阿舟跑！"

在族长的授意下，阿舟成了带领族人逃难的首领。他带着大家往前跑，一面跑，一面不停地在人群中巡视。

他拖了一人交代如何跑，便又往村子里跑来。

祖母一把拖住他："孩子，你还回去干什么？"

阿舟大喊："找师父！师父不在逃亡队伍里，他一定还在村子里，我不能丢下他一个人！"

祖母的手松开了。

在众人惊诧恐慌的目光之中，阿舟毫不犹豫地朝着师父的造船作坊飞奔而去。

村民们都在往外跑，只有阿舟逆流而行。

他穿过人群，朝着那艘下午刚刚修补好的独木舟跑去。

——果不其然，一个苍老又脆弱的身影，正孤独地坐在船头上，他颓废得好像一片刚刚被风吹落下来的枯叶一样。

"师父。"阿舟上前，扶着师父的肩，轻唤道，"走吧。等海潮过后，我们再来取它吧。"

海叔抬头看了一眼徒弟，然后起身，深深地叹了一口气："海潮能退吗？退了，它还在吗？"

"能退啊！潮来潮去是您教给我的，您说这是自古以来的规律，是上天定下的规律。它能来，它自然也会走。等到它走的那一天，这只舟啊，它一定还会待在这里的。师父，您放心吧，它会好好地待在这里，哪里也不会去的，不论多久，它都一定会等到师父您再次回来，回来继续使用它。"

海叔轻轻地摸了摸这只舟，就像抚摸着自己的孩子。他依依不舍，但又不得不舍。看着远处奔跑的人们，听着远方呼啸而来的莫名怪声，他终于下定了决心，站起

第一章 海的儿子——跨湖桥遗址

复原的独木舟模型

身来，说："走吧。就让它留在这里吧，就算等不来我，总有一天它也会遇见它的有缘人。"

阿舟狠狠地点头，赶紧搀扶师父，离开那叶刚刚才修补好的长舟。

此时，原本还算柔和的小雨逐渐变大，最终变成了倾盆大雨。暴雨来势汹汹，劈头盖脸，一点也没有客气。

紧接着，电闪雷鸣接踵而至，一道又一道的闪电将漆黑的天幕一次又一次撕裂。狂风愈加猖獗，裹挟着沙石与花草树木，向着人群追来，摧残着渺小的人类。

阿舟带着师父，闷头向前奔跑。他们一直跑一直跑，追上了人群，海叔与祖母、族长同行，叫阿舟往前跑，带领着族人们勇敢地往前跑。

阿舟瞧了一眼相扶相依的三位老人，又看了看漫长的人群，一咬牙，往前跑去，最终超越人群，跑到了最前头，成了领路的人。

他指向另一条路，喊道："走这边，从这边上山更近一些。大家相互搀扶着，一个都不要落下。不要怕，往前跑就是了！只要往前跑，海水就追不上我们！跑吧！快跑吧！"

所有人都跑了起来，朝着阿舟所指的方向，奋力奔跑。他们不再往后看，也不再对过去流连忘返，他们义无反顾地放弃了祖祖辈辈生存的地方，朝着未知的远方奔去，朝着高耸入云的大山奔去。

很快，他们身后传来了奇怪的声响。没有人敢回头，也没有人回头，大家都在哭，哭声此起彼伏。但没有人停止奔跑，他们哭着向前赶路，哭着去攀登这座救命的大山。

此时的阿舟已站在了半山腰上，他回头看，仿佛看见了一条凌厉的黑色巨龙狂啸着追来。它追不上他们，便气急败坏地一口吞掉了他们的村庄。

他闭了闭眼睛，转身继续赶路。

暴雨如注，一直昏天暗地地下着，像是要下到天荒地老。

狂风是它的帮凶，不依不饶，不眠不休，全然不顾这世间万物是死是活。

阿舟寻了一个山洞让大家躲起来。

"进去吧，山洞很大的，足以容纳我们所有人。"这里是他常来的地方，他是伐木人、造舟者，是这片山头的主人。

"躲在这里就安全了吧？山这么高，海水上不来的吧？"

"这山会被海水淹没吗？"

"刚才的巨响，是海神的呼啸吗？"

大家惊魂未定，瑟瑟发抖，各种奇怪的念头层出不穷。天已经完全黑了，他们所有的疑问都得不到答案，他们只能感受到从彼此身上传递出来的恐惧，然后互相被恐

穿越历史来看你 HANG ZHOU

湘湖景色

第一章 海的儿子——跨湖桥遗址

惧感染，变得更加恐惧。

大家紧紧地依偎在一起，被恐惧操控着，低声啜泣着。

阿舟不知该如何安抚他们，求助地看向祖母与师父，还有族长。三位老人已经疲惫不堪，双眼紧闭，靠着石壁，静静地休息着。

阿舟没敢打扰他们，便叫上几个强壮又胆大的族人，在山洞周围拾捡了一些枯木。因为离开村庄实在匆忙，没有人带火石，阿舟便用钻木取火的方式，在洞口点燃了一堆篝火。

当火燃烧起来时，黑夜似乎也就不再那么恐怖了。

有人说自己带了一些鲸肉，阿舟笑着接过，同大家开玩笑道："大海吃了我们的家，我们就吃掉大海的儿子。"说着，便将鲸肉架在火上烤了起来。

人群发出哄笑声，气氛不再充满恐惧，大家逐渐平静，开始有人窃窃私语将来该怎么办。

阿舟转头看了看大家，又看了看族长、祖母和师父，他将目光再次转移回鲸肉上。

他心中颇为难受，鲸是大海的儿子，渔民又何尝不是呢？

在海边出生，吃着海里生长出来的东西，他们的血肉骨架，哪一个不是大海赋予的呢？

可是，大海居然吞噬掉了他们的家。

烈火炙烤下的鲸肉散发出阵阵香气。人们闻着肉香，精神也上来了，大家分食着，似乎也找回了镇定的感觉。

阿舟瞧着大家，更加肯定了自己的想法。他们才是大海的儿子，他们的能量也来自大海。

大海的确摧毁了他们的家，但同时也给了他们新的征程——就像一位母亲驱赶着她的孩子出去闯荡天下。

阿舟看着茫茫黑夜那头的大海，露出了会意的笑容。

第二天早晨，当第一抹阳光落在这座山上时，人们睁开了眼睛。

躺在洞口的一个人，瞧见一个年轻高瘦的青年，正伫立在山洞前方不远的山坡上，静静地眺望着故乡的方向。

阳光落在他的身上，照得他宛如守护神一般。

那是阿舟。

他朝他走去。

洞内的人们见状，也放下了恐惧，纷纷走出山洞，走向阿舟。

很快，阿舟的身边便簇拥了更多的人。人们往前看，往下看。

此时此刻，他们脚下这座挺拔伟岸的高山，挡住了汹涌而来的海水。山下，已是一片汪洋。

他们的村庄，他们的房子，他们乘风破浪的小舟，统统都被埋在了这片汪洋之下。

有人庆幸："幸好阿舟提醒，我们才捡回了一条命啊！"

阿舟摇头："不是我，是族长、祖母和师父预见到了。"

可身后却传来祖母虚弱的声音："不是我……我老了，预见事情的能力越来越弱了。我知道情况不妙，但我不能确定是不是这样的情况……是阿舟第一个发现大海侵要来了，也是他说我们得往这里逃的……"

跨湖桥风姿

海叔也道:"如果没有阿舟坚定不移地带领大家转移,我们可能真的会被大海吞没的。"

族长来到阿舟的跟前,拍了拍阿舟的肩膀,再看着大家说:"虽然我们失去了自己的家园,但是我们却得到了一位了不起的新族长!"

"族长……"阿舟不可思议,往后退了一步。

族长却又将他往前推了一步。

这时的阿舟才发现,族长一直挂在肩上片刻不离的桑木长弓,已然不见了。

"族长,您的弓呢?"

族长道:"没带走。这不重要。未来我们的生活是打猎,还是驯服大海,都由你说了算。弓没有了,可以再做;船没有了,可以再造;家园没有了,我们再建就是了。只要大海还在,大山还在,就不怕子子孙孙没有活路可走。对不对?"

众人觉得有理,纷纷点头。

不知是谁问了一句:"所以,我们真的回不去了吗?"

长久的沉默。虽然没有人回答这个问题,但大家其实早就知道了这个问题的答案。

就算大海退去,他们的家,还是原来的家吗?

况且眼下,回家的路早已经被大海淹没,他们根本就无从寻起。

这个令人脆弱的问题很快就招来了啜泣声。

族长深深地看了一眼族人曾经生活了几百年甚至上千年的地方,沉沉地叹了一口气。他看向阿舟,鼓励地点了点头。

阿舟深吸一口气,大声说:"没事,我们不要怕!我们还活着,就能拥有一切。人在,家就在。过去的家虽然回不去了,但只要肯往前走,脚步不停地往前走,一直走下去,就总能重建新的家园。"

他捡起一块石头,朝着家乡的地方扔了过去,然后毫不留恋地果断转身,说道:"走吧!"

他朝着更远的方向,大步走去。

族人看了看老族长,又看了看老祖母,再看了看海叔。他们都站在原地,看着那片大海,仿佛还在留恋着过去。

但也就一眼的工夫,三位老者都站起身来。

老族长喊道:"走吧,我们跟着新族长,朝着更远的地方走吧!"

人群依然没有动。

但走在前方的阿舟并没有回头,也不打算回头劝说任何人。他深知,无论是走,还是停留,都是每个人心甘情愿的选择。他能带领愿意走的人,却无法左右想停留的人。但他也知道,梯山航海的自己绝不会是孤独的人。只要他朝着太阳升起的地方走，就会有许多志同道合的追光者来与他汇流成海。只要他们坚信自己是海的儿子，就能乘风破浪，扬帆远航，抵达更远、更广阔的地方。

他没有回头，昂首阔步地往前走着。

风在耳畔轻轻吹拂着，似沿途的风景在同他热情地打着招呼。

很快，他听见了身后传来此起彼伏的追随的脚步声……

【简读跨湖桥遗址】

跨湖桥遗址是新石器时代遗址，位于浙江省杭州市萧山区城厢街道湘湖村，因古湘湖的上湘湖和下湘湖之间有一座跨湖桥而命名。据碳-14测定，该遗址距今8200—7000年。遗址出土有大量的稻谷、陶器、石器、骨器、木器等，尤以大量的彩陶而颇具特色，还有距今约8000年的独木舟，被誉为"中华第一舟"。遗址内的文物保存较完整，现存于湘湖边的杭州萧山跨湖桥遗址博物馆内。

参考文献

1. 吴健、蒋乐平主编:《舟立潮头——跨湖桥卷》,王仁湘、张礼智主编"中国史前遗址博物馆"丛书之一,陕西科学技术出版社,2018年。
2. 蒋乐平:《跨湖桥文化研究》,科学出版社,2014年。
3. 杭州市萧山跨湖桥遗址博物馆:《跨湖桥·河姆渡出土文物集萃》,内部资料。
4. 杭州市萧山跨湖桥遗址博物馆:《跨湖桥文化国际学术研讨会论文集》,文物出版社,2012年。

第二章　神使——良渚古城遗址

粳　稻

穿越历史来看你

　　傍晚，夕阳缓缓沉落，藏了许多七月的热。早稻熟了，风裹着丰收的喜悦，吹来淡淡的稻香。山脚下，成片成片金黄的稻谷，就像成片成片热烈燃烧的云。成群结队的农人披着霞光，吹着晚风，扛着石镰等收割工具，说着笑着，像溪流一般，流向一块又一块的稻田。

　　高高的山巅上，站着一个人儿，夕阳的光照在她的脸上，照在她的眼睛里，照耀出奕奕的神采。看到大家快乐地劳作，她咧嘴一笑，将目光从稻田里收回，又踮了踮脚尖，朝着前方更远处的王城看去。

　　有一叶竹筏正徐徐地穿过王城水门。[①]竹筏可是造得不小，宽度足足占据了四分之一的河道。用精挑细选的藤条将有如成年男子手腕大小粗细的竹子结结实实地捆绑在一起，便可制造出容纳七八个壮年汉子乘坐的竹筏。

　　眼下，这缓缓驶出王城的竹筏之上，便乘坐了七八个人。站在最前头的那个中年男子，玉燕儿自是十分熟悉。那是她数月未见、期盼许久的父亲。

①根据良渚博物院、良渚研究院组编《良渚》一书记述，良渚古城的主要交通方式为水路。在第3章《临水而居》中写道："内外城河将城墙形成的小港湾连接起来，并通过8个水城门相连，与外部更大的水域相通。"（第35页）另据纪录片《良渚》，良渚的主要交通工具为竹筏。

看见父亲的身影，玉燕儿的脸上顿时绽开了笑容，甚至还有一丝并不想掩饰的得意神采，她发现自己最近多了一些神奇的能力，起初很慌张，后来觉得好玩，便总是试着验证。所以，三日以前，她就用捡来的野猪骨头随便算了一卦，算出父亲今日会回家来。同母亲说了，母亲却是不大相信的样子。今日得以应验，她开心极了，小嘴微微噘着，像泉水一般澄净的双眸里闪烁着快乐的光芒。她像只燕子般张开双臂，转身飞快奔跑，从山顶顺着狭窄的山路，一直向下，越过成片成片的芦苇，跨过两条不深不浅的水沟，因为过于急切，不小心踩进了水荡里，便溅起一摊泥巴。泥巴像被风吹过的蒲公英似的，四溅开来，弄得满脚都是，满身都是。可玉燕儿却一点也不恼，心中的喜悦就像按捺不住的兔子，非要挣脱出去，远远地，她便朝着远方的稻田，一声又一声地反复呐喊："阿娘，阿娘，我阿爹回来了！我阿爹果然从王城里回来了！"

夕阳下的良渚遗址

夕阳从云端投来金红色的霞光，照在小姑娘喜滋滋的圆脸上，也照在稻田里劳作的人们身上。

听见她的呼声，原本站在稻田中央收割稻谷的人们纷纷直起腰来。其中一个妇人将握在左手的石镰①撑在腰间，瞧向远处飞奔而来的小人儿，挥了挥手，应道："玉燕儿，你可跑慢一点，别给摔着了！"

她是玉燕儿的母亲。

左右的人见状，笑问："玉燕儿这机灵的小丫头，快满十四岁了吧？"

玉燕儿母亲道："上个月初便已过了十四岁生日。"

"准备好许人家了吗？"

"你瞧瞧她，还像个毛孩子似的，也不知哪家的少年愿意娶她。"

左边的妇人说："可惜我没有儿子，不然这么好的姑娘，我也准要上门来抢一抢的。不过话又说回来了，玉燕儿如此聪颖慧捷，她阿爹又怎么舍得嫁出去呢？"

右边的妇人闻言，也附和道："咱们庄稼人的孩子，能有多大的出息呀！风师傅②那是一个例外，万里挑一的例外。"她顿了顿，眉毛也跟着挑了起来，似乎想到了什么，便又说："对了，风师傅不是收了许多弟子吗？不如就在麾下寻一个得力的弟子嫁了，这样的话，咱们玉燕儿也不必嫁到外面的人家去，总归都在自己家里的……"

---

① 根据纪录片《良渚》所述，良渚先民拥有非常成熟的稻作文明，使用石镰收割水稻，并多数人习惯用左手收割。
② 《路史·国名纪》注引《吴兴记》载："吴兴西有风渚山……古防风国也。"故为虚构的良渚人玉燕儿家冠姓为"风"。

她这话一出，便引来了好些个女人的附和。

大家笑过了，又有人说道："好了好了，咱们也别担心这些有的没的了，对于玉燕儿的终身大事，想来风师傅和风师娘心里自是有打算的。"

就在大家的七嘴八舌中，欢快的玉燕儿已奔至跟前。她拾捡起一枚稻穗，笑着说："今年的粳稻①生得如此饱满，应是丰收之相。这可太好了。"她将稻穗翻来覆去地看了看，再次说道："你们不知道，我们的王新登王位，年纪虽轻，却是个心系子民的好君主，他常常会因为担心大家不能丰衣足食而夜不能寐呢。如今好了，粳稻丰收，大家不用担心饿肚子，王心里也踏实了。"

说着，她将那一把稻穗揣进了怀里。

众妇人听闻她这么一说，不禁笑道："哎呀，果然不愧是王城制玉大师傅家的孩子。瞧瞧这小玉燕儿，才多大年纪啊，竟然就知道要为王分忧了，可真是一个好孩子呀！"

"而且你们发现没有，玉燕儿这孩子说话呀，总是很有见识，我们听都没有听说过的，也不知道她是从哪里学来的。而且啊，她对很多事情的看法都跟其他的孩子不太一样呢。"

"是啊是啊，我早就发现了啊，玉燕儿怕不是个凡人啊！"

不知道乡邻们到底是发自内心的话，还是场面上的恭维，玉燕儿的母亲保持着微笑，嘴里说着"哪里哪里"，实际却是倍感忧心忡忡。她的心里似乎藏了许多愁绪，许多难言之隐，许多无法告诉别人的苦衷。

---

① 良渚博物院、良渚研究院组编《良渚》第4章《饭稻羹鱼》（第56页）有记："良渚文化的社会分工在良渚古城内表现得较为突出：城内没有发现农业生产的遗迹，却发现了多处大规模稻谷遗存……宫殿区西南部的池中寺台地，经测算，约有稻谷遗存20万千克，可称之为国家官仓。"第61页又说"起源于长江下游的粳稻是中国对人类水稻栽培的独特贡献"，故此直呼"粳稻"。

国巫薏苡

　　玉燕儿的父亲风师傅，长得不高不矮、不胖不瘦，一张寻寻常常的脸上，有一双普普通通的眼睛，显得既不智慧，也不憨厚。他看起来实在是太平凡了，若不是有好手艺傍身，怕是个从人群中跳出来，杵在面前，也无人愿意多看一眼的人。

　　可就是这个看起来普普通通的人，却身怀绝技，是王城制玉工坊里手艺一等一的大师傅，掌管着这个王国所有的玉器制作。平日里，风师傅不常回家，带着一众徒弟住在王城的制玉工坊里。待到得闲，才会回家一次。实际上，工坊平日里也不算太忙，主要得对从四面八方送来的玉器原料进行挑拣。但倘若是遇上国主准备举行重大祭祀活动，就会将整个制玉工坊弄到最紧张的状态。王城的构造主要分三个大的区域，分别是宫殿区、内城区与外城区。制玉工坊位于内城区。有一部分世代制玉的匠人，就把家安在内城区里。因为离家近，所以他们若无忙事，基本都是回家住。可是住在外城的匠人就没那么自在了，他们不仅不能随意进出，还必须得等到所有的玉器都雕琢完成了，才能集体放假，归家休息一段时日。其中，便有风师傅和他的几个得意弟子。

良渚玉琮

　　风师傅家里原本是种庄稼的，世世代代农耕渔猎，和这个国家其他的农人一样，都生活在农猎区。若不是因为少年时展现了天赋才华，一眼被宫廷的制玉工坊大师傅看中，现在的风师傅一家，还是要继承祖辈的志向种出更多、更好的粳稻来。

　　风师傅在王城制玉工坊工作了大半辈子，这次回来，便是要接全家人搬到内城里去。因王新登王位，想干出一番伟业，便叫国巫卜卦。谁料卜完卦，国主便叫风师傅阖家搬迁，入城居住。

这件事十分突然，风师傅对此也深感奇怪。可即便觉得有诸多可疑之处，却仍然还是要遵照王命去执行的。

可他到家之后，刚刚将这想法说出来，便听见一旁喂鸡的玉燕儿咯咯一笑。她将手中剩下的夹杂着些许虫子的碎菜叶子洒在竹篱笆围着的鸡圈里，拍了拍手，转过身来，两只手叉着腰，朝着母亲微微抬了抬下巴，骄傲又得意地说："母亲您看，女儿说得没错吧。"

风师傅不解："什么没错？"

他看向妻子，可妻子脸上却没有半点儿欣慰的表情，眼见着忧愁堆满了她的脸，眼里还渐渐地涌起了一层水雾。

"这是怎么回事？"风师傅感到更加迷惑了。

玉燕儿连忙拿出自己收拾好的小包裹，道："女儿早就知道阿爹今番回家是专门为了接我们来的。您看，我早就收拾好包裹啦！"

她扬了扬手中的包裹，脸上的笑容灿烂得仿佛朝阳一般。

她话音刚落，玉燕儿母亲便落了泪。

"怎么了？"风师傅愈发困惑，"你们母女两个到底有什么事瞒着我？"

玉燕儿母亲道："玉燕儿懂得卜卦问天之术。"

"什么？"风师傅大为震惊，转头看着女儿，不可思议道,"你真懂得卜卦问天?"

"嗯。"玉燕儿点头。

"什么时候发现的?"

"便是过了十四岁生日之后才发生的事。有时梦里会莫名其妙地看见许多人,会发生许多不可思议的事。醒来后,我原先也是不以为意,可是过不了多久,这梦却应验了……"

"还有呢?"

"还有就是一些不太好的事情,也能提早预感……比如月初的时候,住在村口的虎叔吃过早饭便拖着渔网打算下河去捞螺蚌鱼虾。我只瞧了他一眼,四目相接的一刹那,我的心里突然产生了不好的预感,感觉到他可能会出事。我就上前,提醒他不要去,明天再去也不迟。可他非要去!"

"然后呢?"

"然后……虎叔果然出事啦!"说到这里,玉燕儿笑着拍了拍手掌。

"你这孩子,这只是巧合!"玉燕儿母亲擦掉眼泪,瞪了幸灾乐祸的女儿一眼,连忙补充道,"她虎叔刚到小河边,还没来得及撒网,突然从芦苇荡里冲出来一只野猪,径直朝他撞了过去,把他撞得人仰马翻,直接滚到了小河里去。还好一起去的人多,七手八脚地将他从河里捞了出来,不然怕是要出人命的。他被伤了腰,如今都还在家里躺着起不来呢。"说到这里,玉燕儿母亲

穿越历史来看你

HANG ZHOU

良渚国家考古遗址公园

第二章　神使——良渚古城遗址

无可奈何地叹了口气。

玉燕儿强忍着笑，可又没忍住，便嘀咕道："谁让他不肯听我的呢……"

"人家凭什么要听你的？你一个黄毛小丫头，说的话管事吗？况且遇见野猪也不是什么稀罕事，隔三岔五都有野猪在芦苇荡里跑来跑去的，有次还跑出来一大群呢。"

"对，对，我记得那一次，好像整个林子里的野猪都下来遛弯儿了似的。"

见女儿没心没肺的样子，玉燕儿母亲看着丈夫，满脸无助。

风师傅问："你是怎么觉得自己有感应能力的？"

玉燕儿见父母确实担心，挠了挠头，又补充道："其实我也不知道自己是怎么感应到的。隔壁村子的神使婆婆总爱来我们村子串门儿，我就爱蹲在她跟前，听她聊天。神使婆婆很神奇的，她说只要你对这个世界充满好奇，愿意思考，能够仔细观察它的规律，就能拥有超于常人的辨识能力。我原本不那么认为的，但不知道为什么，当我开始思考为什么的时候，脑瓜子里忽然就会涌现很多的答案。这些答案，也许都是错的，但也许，总有一个是对的。我凭直觉选择了，就跟别人打赌。试过好几回，总是被我赌赢了。隔壁村子的神使婆婆就说，兴许我也是一个拥有异于常人能力的人呢。只有这样的人，才能感知别人不能感知的事情。我起初是很惊慌的，后来想，这算起来也是个天大的本领啦，说不定将来我还能进王城做国巫呢。"说到这里，玉燕儿拖着母亲的袖子，疑惑问道："可是母亲，您为何如此不悦呢？您是有什么顾虑吗？"

玉燕儿母亲并不说话，只是更加难过地叹了口气，一面叹气，一面又将眼泪擦掉。看得出来，母亲对女儿这从天而降的奇怪能力感到惊喜，却又好像非常恐惧。

风师傅看在眼里，心中似乎也有些挣扎。但最终还是决心将顾虑的一切告知女儿。他叹了口气，说道："燕儿，你可知这突然拥有的卜卦问天的能力，也许并非是个偶然……"

"嗯？"

"虽然并非是偶然，虽然拥有异于常人的能力是一件十分难得的事，但它却未必就是一件幸事。我们人活在这世上，有时候活得平凡一些，兴许才是好事。"

"父亲为何会这样讲呢？父亲您不就是拥有卓越制玉本领的神人吗？我看大家都很崇拜您，很尊敬您。"

玉燕儿母亲闻言，想要说些什么来反驳，可话到嘴边又忍住了。她叹了口气，仿佛是下了很大的决心，说道："女儿，有时候身份地位过于显赫，本领过于强大，是很容易招来厄运的，你的外祖母就是……"

"外祖母？"玉燕儿努力于脑海中思索着。

玉燕儿母亲看了一眼丈夫，得到肯定的点头后，她接着说："你的外祖母，便是三十年前大名鼎鼎的国巫——薏苡[1]。"

玉燕儿闻之大喜："国巫薏苡？这太让人意外了！"

---

[1] 俞为洁《良渚人的衣食》第63页提及"薏苡"："良渚文化的薏苡遗存，目前仅见于浙江平湖的庄桥坟遗址。"同书第64页又记："据东汉王充《论衡·怪奇篇》记载，相传'禹母吞薏苡而生禹，故夏姓曰姒'。……因《神农本草经》把薏苡确定为'有轻身益气之功效'的上品之药，无意间暗合了当时流行一时的神仙思潮，成为与修仙有关的食物而备受推崇。"加之故事根据"禹诛防风氏"的传说改编，故将这位神通广大的国巫取名为"薏苡"。

鸟瞰良渚古城遗址

　　国巫薏苡是这个王国的老百姓在茶余饭后闲谈最多的人。她在玉燕儿的心中原本就是一个传奇般的存在。她不仅法力通天，在这个国度里还拥有着至高地位，是这个王国的守护神，曾为了守护这座王城而牺牲了阖族性命。

　　等等，阖族性命？

　　玉燕儿充满疑惑地看着母亲，发出了质问："可……可她的家人不是都没了吗？怎么可能是我的外祖母呢？"

　　她的疑惑很快得到了母亲的解答："确实是很意外。我第一次听说的时候，也是大为震惊，万没想到这位传说中的神人，竟然与我有着至亲的关系。"

"听说她曾救了整个国……"

"是。她确实救了整个国。传闻中的丰功伟绩,十之八九都是真的。她是一位恪尽职守的神巫,祖祖辈辈都守护着这座王城。可是谁能料到王族与中原部族竟然产生了冲突,先王咽不下这口气,便想举兵出征。"

"啊?"

"按照惯例,先王命诸位神巫进行吉凶祸福的占卜。我的母亲,你的外祖母薏苡以龟甲进行占卜,连测三次,卦象皆是不吉。我不知母亲是如何判断出来的,我对求神问卦这样的事情,是半点儿兴趣也没有,更是半点儿灵性也没有。可是我的母亲,你的外祖母,却偏偏笃信她所见到的卦象所示结果。她非说卦象不吉,倘若先王一意孤行,战事的结果将会十分惨烈,甚至极有可能还会灭国,于是便说此役不可行。而有一位神使浚,却说此举出征,不仅大胜,还能拓展疆域。先王对于势力范围的扩张本就充满野心,于是他选择相信浚的话。我的母亲仍然拼死阻拦,然而先王不为所动,还褫夺了她的国巫封号。谁能料到,我母亲的性格如此刚烈,在出征祭祀大典上,竟然裹了战旗,自焚于王城的祭台之上。这突发的惨厉事件触了大忌,也耽误了先王出征的吉时。虽阻止了这次战争,却害了我母亲全族。先王心狠,立即下令将我母族阖族捆绑,共一百三十九人,无论男女老少,统统被活活烧死在祭台之上。"

"那……那母亲您……您是如何幸存下来的?"

"大概没有几个人知道我的存在。据说我是刚出生,便被我母亲不作声张地送到了外城的寻常农家做养女,才避免了这个灾祸……"

说到此处，玉燕儿母亲百感交集，她看着女儿，顿了顿，无比艰难地说："所以，当我发现你身上具备我母亲的能力时，我怀疑她早就算到了这么远……更甚至……更甚至……"

"更甚至什么？"玉燕儿满怀疑惑地望着母亲。

风师傅大概明白了妻子想要说什么，他摇了摇头。

玉燕儿母亲低声说道："燕儿可能就是她的转……"

"不，她不是。玉燕儿是玉燕儿，薏苡是薏苡。她们不是同一个人，更不会有相同的结局。"

玉燕儿母亲哭罢了，终于稳定了情绪。

倒是玉燕儿听得云里雾里，大感不解，跺脚问道："父亲母亲，你们到底在说什么啊？"

风师傅转身看向女儿，接着说："当年，你外祖母阖族被灭之后，先王还不解气，继续让浚占卜，想要择期再次出征。然而这一次，浚的占卜结果却是不宜出征。也是这个时候，传来了中原部族向北、向西扩张，势如破竹，战无不克的消息。先王这才明白你外祖母的良苦用心，他才开始审视自己，明白即便是我国不论男女老幼皆出征应战，也未必能胜中原，无疑是以卵击石。再则，就算浚当时占卜无误，出征大捷，然后呢？后面会不会遭遇更为疯狂的报复呢？先王开始反思，也很后悔，然而国巫薏苡已死，一切都已经无法挽回了。"

"可是先王知错能改，早已恢复外祖母国巫的封号了呀！我听说先王临终之言也是悔恨万分，惋惜国巫的离去。倘若她还在，国家定然更加兴盛。先王还对新主说，倘若她有一脉余世，定要重用……父亲母亲，母亲和我不就是外祖母余世的一脉吗？为什么我们不入王宫向王禀告呢？"

母亲连忙摇头，说："此事万万不可声张。既然你的外祖母当初要隐瞒我的存在，自是有她的道理。那么我和你，在外人眼里就不能是她的生命延续。她没有族人了，所有的族人都在那一场浩劫里消失掉了。"

"我不懂。"玉燕儿仍然十分不解。

风师傅只好解释道："你母亲的养母曾受惠于你的外祖母，所以她一直死守着这个秘密。她怕王心思难测，直至临终之前，才将前因后果告诉你的母亲。可那个时候，先王已至垂暮之年，恐怕早已忘记你外祖母的救国之举。而你母亲也已经在农猎区生活了二十多年，并嫁给了我

良渚古城遗址

这个平庸的人。"

听到这里,玉燕儿有片刻的沉默,旋即又想起来什么。"不对不对,我的父亲才不平庸呢!我父亲雕琢的玉器,将来可是要流传千古的!"说到这里,玉燕儿满是自豪地仰望着父亲,"父亲您不知道,我看见几千年后的人们,对着父亲雕琢的玉器赞不绝口,有好多人琢磨它们都是谁雕琢的,又代表着什么呢……"

"几千年后?"

"嗯!"

良渚山地风光

"燕儿能看到这么远？"

"不，女儿虽不能看见具体的未来，但女儿知道父亲所雕琢的玉器，它们的寿命，却是有千千万万年的。"

"那些玉器并不是为父自个儿的劳动成果，是整个制玉工坊的。"

"女儿明白的。"说完这话，玉燕儿见母亲仍在哭泣。她于是伸出手，轻轻拍着母亲的后背，安抚道："母亲莫要哭泣，请母亲放心，虽然女儿不知道自己将来会走向何方，但定然不会重走外祖母的路……"

待夜深人静，玉燕儿的父亲母亲在灯下聊起了对未来的打算。

"不入城不行吗？"玉燕儿母亲看了一眼丈夫，又看向二人辛苦半生搭建起来的房子，说，"这么好的房子，才搭建起来没多久，都还没住得习惯起来呢，就要搬走了。瞧瞧这些芦苇，这些树皮，都是我同你上山下河亲自弄回来的。"她又摸了摸床上的席子，接着说："这竹席，还是我自己编的呢，这么好的东西，多舍不得啊……"

"竹席可以带走，房子就留给村里更需要的人吧。"风师傅叹了口气，"你莫要担心，内城里的屋子也是不差的，都是王安排的。"

玉燕儿母亲思量许久，道："待过几日，倘若玉燕儿随我们入了内城，她那异于常人的神巫本领，怕是藏不住的……不如，咱们就在外城给她寻个人家嫁了。这样，碍于身份的制约，她就可以永生永世都没有机会住到内城去，我们也不必担心被王发现她的存在、她的特别。"

　　风师傅叹了口气:"这事儿还是先问问玉燕儿的意思吧。就怕她已经有了意中人。"

玉雕燕子

收到大师兄送的礼物，玉燕儿又惊又喜。眼前这枚用玉石雕琢出来的燕子①，委实灵动可爱，惟妙惟肖，仿佛正于天空自由自在地翱翔一般。

风师傅的大弟子，名唤朱夯，本是住在极东方向的人。在玉燕儿出生那年，八岁的朱夯与族人流落至此，遇见了风师傅。风师傅见其天资聪颖，遂收入门下。这些年来，朱夯追随风师傅，学得了一手打磨玉器的好本领。

朱夯见师妹翻来覆去地仔细端详玉燕，喜爱得紧。"前些日子你过生日，师兄在王城之内忙于工坊活计，不能回家为你道贺，便在闲暇之余，用了玉器的边角料，偷偷为你雕琢了一枚神鸟。雕得不好，望你莫要嫌弃，也盼……"朱夯的脸微微一红，说道，"盼你欢喜。"

"欢喜，我当然欢喜，谢谢师兄！"见这枚玉燕的腹部钻了牛鼻孔一样的隧孔，玉燕儿又笑说，"这是戴在脖子上的，还是佩在衣裙上的？"

大师兄道："都可以。"

---

① 刘斌《神巫的世界》第105页记述："飞翔状的圆雕玉鸟，目前主要见于反山、瑶山两遗址，共出土有5件。其形态颇似展翅飞翔的燕子，在鸟的腹部均钻有牛鼻状隧孔。出土时一般位于墓主人下肢部位，推测应是缝缀于巫师衣袍下部的一种功能性装饰。"

"那我回头搓了丝线穿上,先戴在脖子上。"

"嗯。"

这枚玉雕燕子做工精细,尖喙短尾,双翅展开,似在翱翔。在它的鸟背中间,竟然还雕刻着一个像鼓一样凸出来的图案。玉燕儿挑眉,不禁将它往师兄跟前一凑,笑问:"它背上驮着的这个……是太阳吗?"

朱虣颇感意外:"你怎么知道的?"

玉燕儿闻言,不禁笑出声来:"师兄来自东边,东边是太阳升起的地方。传说在东边的大荒之中有一个汤谷,汤谷上有棵扶桑树,是太阳的栖息之地。每天,负日的神鸟便是从这里托起太阳,飞向天空,给人间带来阳光与温暖的。师兄雕刻的,便是这负日的神鸟吧?"

"嗯,是雕琢理由之一。"

玉燕儿又笑:"其二嘛……东边有位族长名唤挚,听说他出生的时候,天上彩云密布,紫霞缤纷,家里飞来了五只凤凰盘旋道贺。这些凤凰身上的羽毛非常好看,分别是红色、黄色、青色、白色与玄色……也正是因为如此,这位族长便将凤鸟奉为了族神……"说到这里,玉燕儿顿了顿,望着师兄,闪亮的眼睛弯成了月牙儿,她咧嘴笑问:"师兄就是东边这位族长的族人吧?"

朱虣没有说话,但看向玉燕儿的目光充满了疑惑与探究。

玉燕儿接着说:"我族与极东的部族本就同源于伏羲大帝,虽然人们沿海而居,各自为政,往来比较少。

但，大家的祖先却是共同的。师兄你看，你雕刻的这枚玉燕，就同我阿爹雕刻在玉琮王上头的神鸟有着异曲同工之处呢。"

"你……见过玉琮王？"朱矶感到颇为惊奇。因为那枚玉琮王，刚刚雕刻完毕便献给了新君。别说玉燕儿，恐怕整个制玉工坊见过的人都不足三分之一。

玉燕儿一愣，旋即说道："对啊，梦里见到的。很美、很精细，在神人与神兽旁边，阿爹亲自操刀。"

"你还梦见了什么？"

"还有玉璧。在玉璧的上头雕刻有一只神鸟，立在神坛上面。"

良渚玉鸟

朱叝感到十分惊讶。玉燕儿梦里所见，便是此次他与师父完成的器物。

他往后退了一步，静静地打量着眼前的小师妹。

从前的玉燕儿，天真活泼，虽然对世界充满了好奇，但毕竟贪玩，对于学识、礼仪并不上心，是个单纯的小姑娘。然而数月未见，如今的她却仿佛换了个人似的，聪明机灵，懂的还不少。

他终于忍不住，问："燕儿，你的这些见识，都是从哪里学来的呢？"

玉燕儿原打算告诉他自己能预见许多事情，但又猛然回想起母亲的担忧，便说："前些日子有几位东边来的阿婶到村子里置换稻米，我是听她们说的。"

前些日子村子里确实是有几位东边来的阿婶换稻米，但她们并非极东之地而来，不过就是住在山那头东边的村子里罢了。况且她们与玉燕儿并无交集，更无半句交谈。她们来村子里，是与玉燕儿家对面的阿婆进行以物易物的交易。而当时的玉燕儿正盘腿坐在自家的屋檐下，拿着石头就着一碗鱼汤慢悠悠地砸着菱角吃。

她那些突然出现的见识，于她而言也是新奇的。她也曾思考过，为什么相比于同村其他一起长大的孩子，唯独她拥有了这些见识呢？兴许，是在她不断思考这个世界的诸多为什么时；兴许，是在她不断观察这个世界为什么会有那么多的为什么时。总之，这些见识就在她不停地思考中，自然而然地出现在了她对这个世界的认知里。当她意识到自己的变化，她不再像从前那样与小伙伴成群结队，漫山遍野地到处乱跑。她认识的世界无法同身边的人言说，因为说了他们也不懂，有的还要嘲笑她。于是，她开始一个人寻片芦苇荡躺下，躺在天地之间，看白云蓝天、日出日落，感受着阳光的热烈、月华的清凉，拥抱满怀的风，生出许多新的疑惑。然后，她回村子里，向老人们询问过去的事，听他们讲懂的不懂的，还有过去她未曾参与过的春去秋来、寒来暑往。时间长了，她总感觉自己和过去的自己，似乎有些不大一样了，仿佛身体里忽然有一个神奇的阀门被打开了，从内到外，焕然一新。

起初她也感到莫名其妙，甚至有些恐慌与害怕，后来逐渐习惯，并迅速掌握。她甚至为之窃喜，认为自己也许就是传说中的天选之子。

神巫的世界从来都充满了神秘的色彩，有时候更是神秘到没有理由可讲。因为寻不到理由，又无法企及那个高度，所以人们总是对神巫充满敬畏与向往。玉燕儿自然也不例外。在她听说自己的外祖母就是大名鼎鼎的国巫薏苡之后，她从心底萌生了一种强烈的自我认识——她对自己的能力产生了更强烈的自信，也许自己来到这个世界，是有着某种使命的。譬如守护这个王国，守护这个王国的子民。是的，她用这种意念来催促自己，便更能促使自己比别人更多地去了解未知的世界。

天高云淡，微风徐徐吹过，河水泛起了层层涟漪，芦苇也随着风声翩翩起舞。斜阳西照，霞光辉映，两人身后的村庄升起了袅袅的炊烟。

朱矤看了看天，估摸着再不问出心中的问题，玉燕儿怕是就要嚷着回家吃晚饭了。于是他偷偷瞧了玉燕儿两眼，说："师妹，如今你已到了许人家的年纪，可有什么中意之人？"

"没呢。村子里的二狗子、三瘸子、大麻子倒是天天都想打我的主意,可惜他们的拳头不如我的硬,打也打不过我。"玉燕儿捡起一块石头扔进河里,拍了拍手掌心的灰,扬扬得意地说,"而且他们还很害怕我养的狗。"

朱刽听她这么一说,忍俊不禁。这才是他印象中的小师妹。他忍不住揉了揉她的脑袋,心里也放轻松了些,终于鼓起勇气,说出自己想说许久的话:"师兄心里有你。"

玉燕儿的眼皮子跳了跳,佯装没有听见,又拾起一块石头往河里扔去。

至今仍水网密布的"水城"良渚

朱夼接着说："若不嫌弃，朱夼愿求聘玉燕儿为妇，永以为好。"

玉燕儿微微一怔，却没有答应。她举起玉雕的燕子，朝向太阳。瞬时间，太阳的金光将玉燕儿包裹起来，仿佛一只振翅欲飞的神鸟。

"好美啊……像凤凰一样。"

说完，她朝师兄招招手，道："我们回家吃饭吧，师兄，阿娘今晚熬了鱼羹，烤了鹿肉，还宰了鸡呢。"

一面说着，玉燕儿一面往前走。

朱夼见她回避不答，便在她身后追着问："师妹，你心里没有我吗？"

玉燕儿停住了脚步，她犹豫片刻，转身看着大师兄，笑着说："玉燕儿心里当然是有师兄的，但玉燕儿从来没想过要嫁给师兄啊！"

"那就从现在开始想！"

面对如此霸道的师兄，玉燕儿不禁一笑。

她并不理会他，继续往前走。

走着走着，脸上的笑容却渐渐地被忧伤所替代……

她的心里怎么可能没有师兄呢？那是她从出生就认识的人，是从小到大最疼她的人。他胸襟广阔，包容她的无理取闹，呵护她的多愁善感，倘若有缘能嫁他，自是她的福分。

但现在,她在自己身上,却没有看到这样的福分。

"师兄每年为你雕一枚玉燕,会一直求娶,直到你同意为止!"

她笑道:"好啊!"

但她同时心中也道:玉燕儿先前见识太少,今日得见师兄,才知师兄不是一般人。未来师兄必得众人爱戴,成不朽之大业,立不朽之功绩。可惜那时站在师兄身边的人,并非是我啊……

神使归位

　　风师傅要在举家搬入王城之前将玉燕儿嫁给农人的想法，还未来得及实施，便被王与国巫粉碎了。他与妻子原打算今日便去物色适龄又踏实的男子，谁料一开门，便见国巫浚带着八个神使来到他的家。

　　眼前这位须发皆白、骨瘦如柴，看起来好像有一百岁的老人，正拄着拐杖，站在风师傅家的院子里，静静地注视着玉燕儿。

　　玉燕儿一脸懵懂地回望着他，虽然一时不知这位老者是何来路，但见他穿戴不凡，身上所穿的是丝绸所制的华服，脖子上戴的是质地不凡的玉串，手腕上也套着玉镯，而手中拄着的木杖更是造型特别，在木杖的顶端，镶嵌着一枚侧立的玉雕神鸟[1]。心中猜到了来者是位贵人。

　　果然，只见她父亲躬身相迎，谦说："国巫大驾，蓬荜生辉。寒舍简陋，若不嫌弃，还请国巫屋内小叙。"

　　谁料国巫摆了摆手，含混不清的声音从他那张干瘪的嘴里说出："老朽是来迎接神使的。"

[1] 此权杖灵感源于赵陵山M77：71侧立的人形玉饰上的立鸟，扁形雕。

风师傅自然知道国巫所说的神使是谁，但仍然佯不知情，说道："国巫说笑了，小人家里又怎会有神使呢？"

此时此刻，风师傅家的木楼外头已经围拢了许多人。村子里的人见王城里来了人，听说还是国巫，都纷纷赶来，想要瞧个稀奇，凑个热闹。

朱队起初也是茫然，但见国巫一直盯着玉燕儿，又见师母神色惊慌，心中大约已有了数，便悄悄行至玉燕儿身旁，低声说："回屋去。"

玉燕儿虽然懵懂，但是也知道来者不善，正准备遁去，却听见国巫威严地喊道："神使请留步！"

玉燕儿不自觉地止步转身，本能地应了一声："啊？"

这算是不打自招了。人群中哗然一片。

良渚古城遗址公园标志雕塑《良月流晖》（韩美林设计）

玉燕儿回过神来，慌忙说道："不，不，我不是，我不是神使。"

国巫未发一语，抬起手中的权杖，敲了敲地面。

随他而来的神使当中，有一人拿出三尺长的竹笛，轻轻地吹奏起一支神秘的曲子。

起初，曲调悠远、孤寂，仿佛茕茕孑立的一个人自远古而来，踽踽独行。

接着，从孤寂进入平和，再渐入喧嚣，宛如烈日当空，众人于丰收的稻田当中齐声放歌，共享丰收的喜悦……

与此同时，其余七位神使已经围成了两个圈，开始跳舞。里层那个圈有两个人，披头散发，踏乐而舞。外面那个圈有五个人，他们所有的动作都是为了迎合内圈的人，辅助而行。

朱玐过去在王城里见过这个祭祀舞。每年庆祝丰收之时，神使们都会在祭台前大跳这个舞。①这种舞蹈，并非人人都会，也并非人人都能跳的，只有神使才有资格去跳，也只有神使才知道怎么跳。

起初朱玐不明白国巫命人在此跳舞的原因，直到他看见玉燕儿随着竹笛的声音开始不由自主地手舞足蹈……接着，随着竹笛声的渐进，玉燕儿的肢体仿佛被神秘的力量所唤醒，舞蹈动作越来越规范，直至跳得比其他神使有过之而无不及，最后当仁不让地成为领舞者……

她跳得如痴如醉，仿佛是等待这一天已经很久很久

① 南朝梁任昉《述异记》说："越俗祭防风神，奏防风古乐，截竹长三尺，吹之如嗥，三人披发而舞。"在夏楠《从祭祀仪式到表达反抗：防风传说的民间性转化》一文中，将此祭祀活动归为"稻作祭祀仪式"。

了。却不知，所有旁观的人都已被她所震撼。

朱夂离她最近，看她最为清晰。她脸上流露出来的喜悦，嘴角上扬的莫名微笑，都显得那么陌生，那么神秘。

朱夂似乎明白了自己被拒婚的原因——眼前这个人，不是玉燕儿，或者说，不完全是玉燕儿。从前的她很纯粹，而今的她，心里住进了更高的理想，她想要成为更了不起的人，而不是某个人的妻。

竹笛声戛然而止。

玉燕儿双目紧闭，一只手探天，另一只手扶在心口上，保持着这个姿势，一动不动。

四周鸦雀无声。那些看着玉燕儿长大的长辈们，整日里和玉燕儿疯玩打闹的伙伴们，一个个噤若寒蝉。他们的脸上有惊讶，也有恐惧，还有茫然不知所措。身为平民的他们，对神巫是充满敬畏之心的。

风师傅与妻子对望一眼，心中百感交集。他们明白，大势已定。

国巫苍老的脸上露出了一丝高深莫测的笑容，看着玉燕儿，他如释重负般说道："薏苡，你终于回来了。"

玉燕儿缓缓睁开眼睛。她看向国巫的目光平和、淡定，又似久别重逢。

但是很快，她清醒过来。对于浚的造访，感到有些抗拒。眼前这个骨瘦如柴的老者，就是害死自己外祖母的那个人吗？

她质问他："是你害死了我的外祖母？"

浚摇头："不，没有人害死她。她是为国捐的躯。薏苡过人的神力促使她看得比我远。我只占卜出了那次征战会胜利，却没有预测到可能会遭到对手更为猛烈的报复。她看到了倘若出征，在享受短暂的胜利喜悦之后，我们将会迎来无穷无尽的痛苦。"

"可是为什么你看到我的外祖母以死抗争时，却还坚持自己的占卜结果？如果没有你的坚持，我外祖母以及她的族人又怎会有如此惨烈的结局？"

"我们都没有做错。我们是神使，都对神给予的示下坚信不疑。我们的使命与责任，不允许我们为任何事情而妥协。"

"你们的使命是什么？"

"上达天听，下及幽冥，神游太虚幻境，竭尽毕生所学乃至性命，也要协助王造福天下，护佑子民安康。"

"听起来似乎十分伟大。"

"不，神使并不伟大，伟大的是天下千千万万个向善而生、齐心并进的子民。"

"那你来找我的目的是什么？"

"延续我的使命，延续薏苡的使命。"

"可笑，凭什么呀！"

"凭你的良知，凭你的灵性，凭你能看到、感受到别人看不到、感受不到的。你其实非常明白，我们每个人到这个世界来，都是带有使命而来，除非完成使命，否则谁也休想离开。"

玉燕儿无话可说，她怔怔地看着眼前这位骨瘦如柴的老人，第一次对自己突然拥有的能力产生了更深刻的认识。

后面发生的事情，如众人料想的一样，玉燕儿跟随国巫浚回到王城，并于王宫拜见这个王城的主人泽，成为神使。

泽很年轻，二十来岁，身材高大，方正的脸庞上，一双眼睛炯炯有神。

其实他初见玉燕儿之时，是嗤之以鼻的。他并不相信眼前这个个子小小的黄毛丫头，就是前任国巫薏苡后人，她看起来如此普通，长着两个眼睛、一个鼻子、一个嘴巴，一点也不神奇，个子还很矮小，一点也不高大。看起来如此弱小的人，身体里又怎么可能蕴藏那些救国救民的力量呢？

浚看透了泽的质疑。浚坚定地说："我的王，这个孩子将来会是您强有力的左膀右臂，她可护国泰民安，祈风调雨顺，有她在，国可安好，您一定要全心全意地信任她。"

碍于浚的情面，泽点了点头，但他的眼里仍然充满了质疑。

玉燕儿当然也看出了泽对自己的不信任，但她不为

良渚玉饰

此情绪低落。她的心里已经被不安与焦虑所占据——她看穿了泽的未来，她不敢确定，更不敢贸然提醒。

回到神使台后，玉燕儿按照浚的指示，拜浚为师，做了浚的关门弟子。在浚的亲传之下，玉燕儿学习了许多神巫需要掌握的知识。由于悟性极高，在短短一年之内，玉燕儿成长为神使里的佼佼者。

在她进入王城的第一个生日，师兄朱夃信守承诺，送来了第二枚玉燕。

这次师兄雕的玉燕，与上次送的形状颇有些不同。玉燕儿翻来覆去地瞧，爱不释手。她对师兄说："我准备把它们绣到领子上去。"

朱夃又一次问她："师妹，可愿嫁我为妻？"

玉燕儿仔仔细细地端详着玉燕,没有回答。

第三年,玉燕儿学会了观测天象。她对"神",对"巫术"的能力范围,以及"神使"的职责,有了更深刻的了解与体会。

朱仈送上了第三枚玉燕,又问可嫁否。玉燕儿依旧未答。

到了第四年,朱仈越发年长,风师傅作为师父,也开始着急催促他早日成婚。可得知弟子心慕之人乃是自己女儿后,风师傅不免一声叹息。玉燕儿的母亲也感到十分惋惜,假如当初一早便将玉燕儿嫁给朱仈,会不会就没有如今这个局面?

玉燕儿虽是神使,但仍然是可以嫁人的。区别在于,她不能嫁给普通人。她的婚姻大事,理应由王做主。

良渚美景

王会怎么做呢？他一般会将得力的臣子作为自己巩固权力的棋子。像朱夶这样，没有什么背景，才能也并不特别出众的人，很难获得王的青睐。就算玉燕儿与他两情相悦，王也未必会轻易答应。

更何况，玉燕儿的心思捉摸不透。

叫朱夶料想不到的是，在玉燕儿进入王城后的第四年生日上，她接掌了浚的国巫之职。

年迈体弱的浚，深知自己命不久矣，便向王提出申请，要将国巫之位传给弟子玉燕儿。

泽对玉燕儿已是颇多认可，便同意了浚的提议。浚在王的见证下，将镶嵌着玉鸟的权杖交给了玉燕儿。国巫玉燕儿，从此要担负起辅助君王、保卫王国的责任。她要以己之毕生所学，承载整个王朝的兴衰。她对未来将面临的困境其实多少有一些预知，却并不因此而恐惧。她的胸中有万丈壮志豪情，她要为这个王国的子民谋求福利，护佑国泰民安。

对于这个亲手培养出来的接班人，浚感到非常满意。他如释重负，从祭祀台上缓缓走下，孤独的身影仿佛一片枯叶在不停下坠。当他走完最后一个台阶，人生也走到了尽头——浚倒在了祭祀台下。

浚觉得自己这一生，很圆满，无愧神灵，无愧王国，死而无憾。

泽与禹

泽虽年轻，但为人老成持重，有着一颗爱民如子的心。

在许多许多年以前，泽的祖先领着族人，一路寻觅，寻觅适合族人世世代代安居乐业的地方。正巧行至此处，发现水美鱼肥，风景秀丽，于是便住了下来。但由于王城建在一片沼泽河滩之间，所以时常会有水患发生。历代的王都为此感到十分苦恼，也以治水能力作为判断是否能够胜任王的第一标准。

泽很擅长治水，所以他才能从他的兄弟当中脱颖而出。每当临近汛期，泽都十分敏感，他会立即带领子民用茅荻包裹土块，再用竹篾条进行捆绑固定，捆绑成长条形状的样子，再一个接一个纵横交错地放置于需要抬高位置的区域，建成台地或者长埂高坝，用以阻挡洪流。[①]

由于泽擅长治水，所以自他做了王以来，王城几乎再也没有被洪水淹过，他的防患之术很是了得，除了懂得在什么地方可以建造堤坝，还明白该在什么地方进行疏通。如此这样，水来水往，王城就很安稳。

因为治水能力好，所以泽声望日隆。有一日，有几

[①] 良渚博物院、良渚研究院组编《良渚》第3章《临水而居》中记载："草裹泥是良渚古城内大型人工堆筑台地及外围水利系统建造应用最广、最具特色的施工工艺，相当于后世抗洪抢险加固所用的沙包和土工袋。通常草裹泥长40厘米、宽10厘米、厚8厘米，平均重6千克。经复原，草裹泥的制作流程是在沼泽地上取土，然后用茅荻包裹土块，再用竹篾条进行绑扎固定。"（第30页）

个年轻人从中原慕名而来。他们自称是奉天地共主帝舜之命来治水的勇士,为首的那名勇士名唤"禹",与泽的年纪相当,听说他是黄帝的后人,在各地治理洪水已有十来年。

泽与禹颇为投契,相谈甚欢,两人形影不离,分享着彼此的治水之法,共同总结经验教训,力求治水本领越来越好。

彼时国巫浚还在世,玉燕儿还是初到神使台的小神使,在一群神使当中,是微不足道的一个。她躲在人群中偷瞧这位治水能人——禹,心中顿时存了许多不安,但又不敢僭越,便寻浚说:"师父,可请王待禹礼让三分。"

浚捋着胡须笑,领着小神使玉燕儿到泽的跟前,要她自己亲口对王再说一遍。

泽问:"为何只对他特别?"

俯瞰良渚古城遗址公园

玉燕儿小声说道:"此人有共主之相。"

泽却不以为意:"我可不管他未来是否要做天地共主,如今他到我的地盘来,便是我的客人,但凡是我的客人,不论未来他是何人,要成就怎样的事业,我自都是要礼待他的。礼待与礼让,虽行为相同,但出发点却是不同的。"

泽的性格爽朗,不拘小节,待人真诚,是很容易交到朋友的。

禹在这座王城学到的当然远不止治水之术。泽的父亲是一位励精图治又在治国安邦方面颇有想法的王,他在位时,曾总结出一些治国治民的方法,又被称为律法。这律法,泽也一并告诉了禹。[①]

禹要带领自己的伙伴回到家乡,治理水患。辞别之时,他抱拳向泽说道:"后会有期!"

泽亦抱拳:"后会有期!"

可在一旁站着的玉燕儿,却感到了阵阵后怕。她总觉得那些告诉禹的律法,会给泽带来厄运,将这座王城拖入无底的深渊。

然而,她并没有理由阻止这件事的发生,神灵的示意也并不准备阻止这件事情的发生。玉燕儿只能眼睁睁地看着禹消失在水门的尽头。

[①] 本段描述源于防风氏与大禹的传说。

朱旗戋石，网虎石封[①]

第二章 神使——良渚古城遗址

泽是一位十分不错的君王。他胸襟广阔，待子民如亲人，在民间颇有声望。还在做王子的时候，为了不让子民挨饿受冻，泽便时常在乡间和农人们一起研究耕犁，开辟荒地，总是变着法子让粮食增产。为了让大家不至于在烈日下劳作而生病，泽还研究出了一种笠帽。大家把笠帽戴在头上，即便是从早到晚都在田地里劳作，也不会因为被太阳暴晒而热昏了。

除此之外，泽还热衷于打猎。当然，他打猎的目的，也是为了让自己的子民能过上富足的日子。

通常是农闲时候，泽才会将年轻力壮的子民召集在一起，组成狩猎队。大家带着石矛、弓箭、石斧等武器，浩浩荡荡地出行到百里以外的地方去打猎。捕获回来的猎物通常很多，短时间内是吃不完的，女人们就将这些猎物腌制起来，留到食物匮乏的时候再来食用。

在玉燕儿的印象里，王带领的狩猎队，曾捕获过数不清的飞禽走兽，其中包括很难猎获的大雁和野鸭、老鹰与白鹤。狩猎队的捕猎技术十分了得，每次回城都是一个接一个的竹筏载着满满当当的猎物，从水门浩浩荡

[①] 良渚博物院、良渚研究院组编《良渚》第4章《饭稻羹鱼》中写道："浙江余杭南湖采集的良渚黑陶圈足罐上有多个刻画符号，这组符号将先民野外捕捉猛兽的意思表达得十分清楚。古文字学家李学勤先生曾将公布的符号辨识为8个字，并释读为'朱旗（yǎn）戋（jiān）石，网虎石封'。'朱旗'，可能是族名或人名，意为红色的旗子；'戋'意为行、往；'石'是一个地名；'封'意思为境地。连起来意思就是：朱旗去往石地，在石的境内用网捕捉老虎。"（第102页）

荡地往王城里驶来。站在山顶上远远看去，蔚为壮观。

在王城里掌管粮仓的主事官，通常会提早安排一队擅长腌制腊味的老嬷嬷在码头边上列队等候，她们每个人都将分获一批猎物进行加工处理。飞禽们被拔了毛，再抹上珍贵的盐，穿上用苎麻搓成的绳子挂在树上，由着它自然风干，待到风干以后，再被挂进王城的仓库里存放着。到了冬日里，天寒地冻，冰天雪地，食物匮乏，王会命人拿出来，分发给民众。

除了飞禽之外，像那些体格比较大的，比如麋鹿、野猪和水牛一类的走兽，被狩猎队捕获也是十分常有的事。

獠牙

但最值得一提的是，在这些猎物里头，偶尔也会出现一两只啸风子。

啸风子是什么呢？王城之外的人又称它为"山君"，因它的呼啸声可生风，所以被称为"啸风子"。王城之内的人，又管它叫"老虎"。"老"，当然是人们对它的敬称、畏称。它的凶猛也配得上"老"这个称呼。

啸风子有着利箭一般锋利的牙齿，血盆大口具有千斤之力，一口就能咬断人的脖子。它的巴掌看似柔软，却似潜藏着数把利刃，一掌就能将人开膛破肚，把人的脑袋拍成碎瓜一般的烂。它是何其凶猛的百兽之王，山中神君，人畜皆都怕它。

泽有一个从小到大的伙伴，生得十分高大伟岸，只要他站在王宫门口，就能挡住整个王宫的阳光。因为他的身高好像与宫殿同齐，人们便都管他叫阿巨。阿巨的体重是常人的一倍，手腕和房梁一样粗。因为力大无穷，所以一直担当泽的近身侍卫。当然，毫无疑问，他也是狩猎队里的主力担当。每次泽带领大家出去狩猎，有相当大一部分的猎物都是阿巨的功劳。

阿巨战无不胜，其功卓绝。在泽与这个国家的民众心中，阿巨几乎无所不能。

然而有一次，在一个名叫"石"的地方，阿巨遇见了猛虎。为了掩护王和狩猎队离开，阿巨死在了猛虎的利爪之下，死得很惨，惨到连尸首都未能留全。

泽痛失挚友与爱将，悲痛欲绝。他捡回阿巨残存的一根腿骨，供奉于王城的神殿之内，并立下誓言一定要捕获"石"地的猛虎，以其皮作衣，以其肉为食，以其骨为器，为阿巨复仇。

很快，泽向全国发出招募之令，但凡有志之士，不论是农人、工匠还是王族，只要对猎获猛虎坚信不疑，皆可加入队伍。如若成功，建功立业，荣华富贵，皆不在话下。

不久，泽为自己招募到了很庞大的一支勇士队伍。

面对乌泱泱一眼也望不到头的队伍，玉燕儿感到颇为头疼，但仍然尽忠职守地为泽进行占卜。结果自然很好，大吉。

以泽为首，狩猎队几百位勇士割破手指，用血染了一面旗帜，又择了吉日出发。一次有目的的狩猎行动即将开始。

那是一个天朗气清的秋日上午，国巫玉燕儿率领众神使，在祭祀台上为即将出征的狩猎勇士们向上天祈福，向祖先祈求保佑。

长空万里，祥云瑞彩。唱祝与祭祀舞完毕之后，泽率领队伍，整装出发。

三十艘竹筏通过水门，陆续离开王城。

祭祀台上目送君王出城的玉燕儿，恍惚之间，似乎瞧见了师兄朱矞。然而她还来不及仔细看，也来不及求证，那个长得像朱矞的人在遥遥地与她对望一眼之后，便又隐入了人群当中。

她追着跑了几步，却怎么也找不到他了。但凭直觉，朱㚤一定就在猎虎的队伍当中。

很快，她的疑惑得到了解答——她的父亲带着一枚新刻的玉雕燕子来到神使台。

风师傅说道："你师兄想要借这个机会博得王的认可。他说，如果自己有幸猎获了老虎，便向王相求，娶你为妻。如果他不幸被老虎吃了，这枚玉燕，就当作是留给你的一个念想。"

玉燕儿捧着这枚更加小巧的燕子，泪水簌簌往下落。

风师傅见状，心里一慌："莫非朱㚤此行危险？"

"不……"玉燕儿摇头，脸上带着笑容，眼里流着泪水，对父亲说，"朱㚤不会死，他前半生颠沛流离，后半生建功立业，未来……还能得到一个很好的结果。"

五年前，她因为看明白了朱㚤的命运，才会拒绝他的求娶。而这一次，即便是朱㚤得胜归来，她仍然不可能成为他的妻子。天命已定，她与他并非姻缘相连的同行者，他们各有各的路，又如何能够逆天而行呢？

"石"是一个距离王城百里之外的地方。此处森林茂密，古木参天。举目远望，郁郁苍苍的参天大树连成了一片，一路不停不歇地往上疯长，仿佛要长到天上去才肯罢休。这里是猎物的海洋，是人们获取美味的粮仓，这里生长着数不清的麋鹿、野猪、野鸡……但同时，它也是猛兽的领地，在数不清的麋鹿、野猪、野鸡的背后，潜伏着数不清的黑熊、猎豹、老虎等领主。

人们想要获得这些猎物，就要同猛兽展开殊死搏斗，

穿越历史来看你 **HANG ZHOU**

船是良渚古城的主要交通工具

第二章　神使——良渚古城遗址

到它们的嘴里去争去抢。

勇士们深知其途险恶，但依然勇敢前行。每个人都心存梦想，每个人都渴望借此机会成就梦想。

朱仈离开王城之前，回头望了一眼祭祀台。那上面站着的，是他从小看着长大，长在他心尖上的，朝思暮想着要娶回家去的姑娘。为了她，他愿意放下手中刻玉的石刀，拿起墙上猎虎的弓箭。

虽然他是一个制玉匠人，并没有多少打猎的本领，素日里也总是在制玉工坊里忙碌，没有几次上山打猎的机会，但他有一双灵巧的手，以及因为长期搬动玉的原石而变得如石头一般坚硬的胳膊。他还有一个聪明的头脑，也并不打算以蛮力莽撞相搏，所以他用藤蔓编织了一张结实的网，他要用捕捉鱼的方式，去捕捉猛虎。

壮士们十人一队，统共有二十来队人马。朱仈这一队，因他最为年长，也最为高大，所以他做了队长。

壮士们唱着战歌，一路前行。

泽骑着马，左右跟着两名侍卫，走在队伍的中间。这次猎虎行动，他们都志在必得。

然而，愈靠近森林，壮士们愈感到紧张不安。深不可测的密林里传来了未知名的猛兽呼啸之声，有些胆小怕事的人便在这啸声中打着哆嗦。朱仈这一队，有人试图逃跑，刚跑出去没几步，便被朱仈一拳撂倒。

倒在地上的人哭着求饶："您就放小人回去吧，小人后悔了，小人家里上有老母下有幼子，小人不能死啊！"

朱夰的手腕压在他的胸口上，用石戈比着他的脖子，说："逃？你敢逃，我就杀死你！"

躺在地上的人吓得直哭。

悲伤与恐惧仿佛是一种毫无缘由的传染病，同队的其他人也开始呜咽。

朱夰抬手，紧握石戈，狠狠往下刺去。

地上那人惊叫出声，朱夰却将石戈插在他旁边的地上，厉声叱道："都进山了你才开始逃？你就不怕逃回去的路上遇见山君？万一遇上了，是你咬死它还是让它咬死你？还是你跪着朝它磕个头，求它放过你，它就能放过你？"

那人只哭，不知如何回答。朱夰的队伍哭成一片，已是一盘散沙。

便是此时，从这一队人身后的山林里传来了一声虎啸——

躺在地上求饶的人，已吓得失了禁。朱夰踢了他一脚，喝道："起来战斗！否则只有死路一条！"

那人连滚带爬地站起身来。这时的朱夰才发现，他们已经掉队太远了。王和其他队伍早就行到前头去了，也就是说，此刻在朱夰队伍的前头后头，都已经没有了人。这也就意味着，如果老虎来袭，他们将没有救兵。

同队的其他人都已慌了神，朱夰心里也慌，但他深知此刻不能乱，只能硬着头皮上。

他问："想不想活命？"

众人点头："想！"

"那就听我的安排。"

朱舣转身观察。

此刻，那片森林死一般寂静，哪里有山君的影子？也没有再听见虎啸。如今这个情况，要么是山君转移了阵地，要么便是早已在隐秘的地方瞄准了他们。

刻不容缓，朱舣将背上的藤网取了下来。他左右打量，在他们的身后有一簇竹林，还有几块足以藏身的岩石。当务之急，是迅速将藤网置于巨石之间，最好能打造一个陷阱。现在砍竹子怕是已经来不及了，但仍然要吩咐人去砍。在这巨石旁，还有一些能搬动的石块，朱舣命人聚集起来，以备不时之需。

搏斗场景模拟

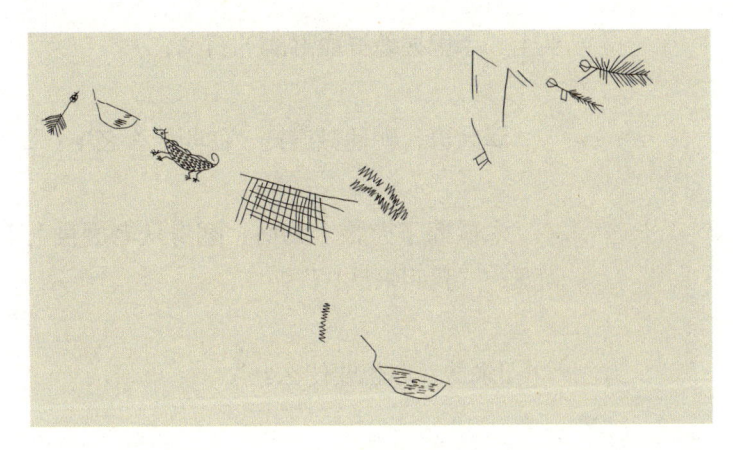

良渚夹砂黑皮陶罐上的刻画符号组合,据李学勤考证,记录了"网虎石封"的场景

可他们还来不及做好准备,只见一只吊睛白额、凶神恶煞的猛虎,如雷电一般朝他们冲来,一掌便将方才想要逃跑的那人击倒在地。只见那人的头已去了大半,血肉横飞,撒了满地。

猛虎转身,朝巨石附近的人们扑来。

朱伇怒吼一声:"藤网!"

命悬一线间,朱伇拿出弓箭,朝着老虎的眼睛射去,连射两箭,直击双目。

老虎疯了一般扑向他们,却一头栽进了藤网里。但这藤网哪里困得住老虎,眼见它奋力挣脱,朱伇命人抱了巨石往老虎身上砸。众人一顿手忙脚乱,终究将老虎制伏。

再看众人,无一身上不是受伤挂彩。

泽与众人赶来之时,老虎已经断气。朱伇骑在它的头上,手里握着鲜血淋漓的石戈。

泽大喜,朝他喊道:"你叫什么名字?"

朱夵擦了擦脸上的血,翻身从老虎身上下来,抱拳回禀:"我叫朱夵!"

"朱夵,你想要什么?"

朱夵正要求娶玉燕儿,却听王又说道:"等一等。你想要什么都不要紧,都可以说,但现在最要紧的是,本王要将王姬嫁给你!你是我国第一勇士,本王早就许诺王姬,要让第一勇士与她成婚。你可愿意?"

朱夵不可思议地看着王,原本打算说出口的名字,不得不吞了回去。

王姬,是王唯一的妹妹。倘若朱夵当众拒婚,不仅拂了王的面子,还有可能给玉燕儿招来祸事。

他只好拱手:"谢王。"

不 负

回宫之后，泽命人对朱夗猎虎的事迹大肆传颂，并宣告朱夗与王姬定亲。此事本就在玉燕儿的预料之中。她很平静，也按照王的要求，记录着朱夗的事迹。

她用神使台独特的文字将这件事刻在黑陶之上。瞧着刚刚刻好的图画符号，也许，在几千年后，会有人理解这些符号的意思，破译出这场惊心动魄的猎捕行动。玉燕儿的嘴角浮现一丝苦笑，轻轻放下手中刻字的小石片。

朱夗成了大英雄，来神使台与玉燕儿见面。

见到大师兄，玉燕儿由衷地祝贺他。

朱夗却说："我准备明日求见王上，向他请婚……"

"万万不可。"玉燕儿阻止了他，说道，"我绝非师兄良配，师兄与王姬本就是天定的缘分。这也是当年我为何没有应许你的原因。"

"你怎么知道我跟她就是天定的缘分？我跟她素未

谋面……"

"师兄你忘了吗?"玉燕儿微笑地看着他,"我是神使,是国巫啊!"

朱趴心中顿时一窒,无力反驳。在这个以神的旨意为一切的国度,只要是神的意愿,他的反抗都是微不足道的。

但有一事,他仍然耿耿于怀,犹豫再三,还是问出了口:"师妹,你心里头喜欢的人,是不是王?"

玉燕儿不可思议地看着朱趴。她心里头有的人,一直都是师兄啊!但此事又怎能让朱趴知道呢?她望着他,微微一笑。

朱趴觉得自己已经理解了这个笑容的意思,于是点

良渚雪景

了点头，转身就走。

玉燕儿望着师兄离去的背影，眼泪湿了眼眶。

第二日，中原的使者前来传达禹王的指令，命泽王前往会稽山会盟。

泽听说禹登了王位，非常高兴，寻到玉燕儿便说："你说得果然没错，禹当真是有共主之相。"

玉燕儿却忧心忡忡，问道："此次会盟，王要亲自前往吗？"

"这是必然。"泽笑道，"禹王诏令天下国主前往会盟，我又怎能不去呢？"

玉燕儿深知此事不可更改，便又说："王带我一起去吧。"

泽断然拒绝："不可。你得留在王城监国，辅佐小王子。"见玉燕儿欲言又止，泽忙又说："有朱夃陪着我，你不要怕。"

一听朱夃的名字，玉燕儿心中的不安却愈发严重。但对于此事，她无计可施，也想不出化解的办法。

倘若是泽王称病不去，定然会惹怒禹王。禹王一旦大怒，举兵东来，泽的王国根本就不是对手。

知道无法拒绝，可能发生的灾祸似乎也无法避免，但玉燕儿还是再三叮嘱："王，赴约途中无论遇到什么事情，都不可耽误，一定要先到会稽山赴约。"

泽却不以为然:"我同禹是至交好友,我还曾告诉他律法治理国家,他又怎会对我有意见呢?"

见泽如此傲慢自信,玉燕儿心中倍感焦急。她只能寄望于同行的朱夃。

"师兄,王是个深知子民疾苦的好君主,但也正因此,他又是个率真潇洒的人,对世事的了解总带着美好的愿望,所以未免有些不够稳重。师兄陪他同往,切记敦促他莫要在路上耽误了时辰,定要在约定时间之内,拜见禹王,切不可耽误正事。"

朱夃瞧着玉燕儿已将身上的玉雕燕子尽数摘下,心中不免有些失落,又见她心中只挂记着王,更加感到有些难过。但他仍然安抚她道:"放心,有师兄在,王不会有事的。"

泽王带着朱夃及一队人马离城,因深受子民爱戴,沿途都有人相送,场面十分热烈。

玉燕儿也率领着神使在祭祀台上为二人跳起了祈福舞蹈。

朱夃一直回头望,想要将祭祀台上那抹红色的身影刻入心底。

但他却悲痛地发现,玉燕儿的眼睛却并没有看他,她一直在看泽王,目光哀伤且复杂。

王的队伍终于消失在视线范围内。

玉燕儿落泪。

玉琮上的神人兽面纹

她知道，这也许是子民见到泽王的最后一面了。

半年后，禹王使者带来了泽王因赴约迟到触犯律法而被斩杀的噩耗。举国哀恸。

一个月后，泽王的遗骨被送回王城。

可当玉燕儿领着小王子站在祭祀台上，远眺着从水门驶入城内的竹筏时，泪水却夺眶而出。

站在归国人群之首的那个男人，是泽王。

在泽王的身后，站着一个高壮的战士，战士神情肃穆，怀里抱着一个陶瓮。在那陶瓮之上，插着一面红色的旗帜。

众人站在水道两旁，静静地注视着他们，注视着那个插着红色旗帜的陶瓮，似乎都明白了什么。

玉燕儿心痛如绞，晕倒在祭祀台上。

事情的原委是这样的：

泽王乐善好施，为人豪爽，在赴约的路上，帮助老百姓修房子，种水稻，治理洪水，一路走得很慢，以致过了约定日期，仍未到达。①

朱夃催请多次，泽王充耳不闻。

终于，禹王的使者在他们抵达之前，寻到了他们。禹王之令，诸国首领会晤，唯独泽王迟到，违反了联盟律法，依律当以死谢罪。

泽王万没想到，自己千里迢迢前来赴约，竟然得了个死罪。

百姓求情，禹王依然坚持。

朱夃便以死求赦，愿替泽王赴死。

这一次，禹王允了。

于是，天下的部落都知道，东边的泽王因赴会迟到，在半途被禹王赐死。泽王的妹婿朱夃，带着他的遗骨，回到泽国。

后来，在国巫玉燕儿的操持下，泽王幼子登位。泽王以朱夃的名义辅政。

① 根据民间传说进行艺术加工。沈利波《防风文化的祭祀演变与传承》记载："根据1992年《德清县志》记载，禹治水来到南方，向防风请教治水方法，大禹照防风挖坑开沟去治水，获得成功，封防风为防风国主。防风国有个大湖，叫防风湖，从山下望，防风湖汪洋水网，千港百河，故后人又称汪洋氏、汪氏。大禹治水成功之后，在会稽茅山开庆功会，防风因山区泛洪，帮百姓打捞财物迟到，大禹盛怒之下，将防风斩首。数月之后，禹下乡考察，了解到防风迟到实情，深感内疚，便赦封防风氏为灵德明王。"

待一切尘埃落定，泽王登门拜访，将朱叴的遗骨交给风师傅，惭愧下跪。

"从今以后，我便是朱叴，当替朱叴孝敬二老。"

风师傅连忙扶起了王："这可万万使不得。"

泽王叹了口气，说道："风师傅家族待我恩义深厚，如不嫌弃，我想求娶玉燕儿。只不过，我如今的身份给不了她王后之位，但定然待她细微周到，绝不怠慢辜负。"

"这个……"风师傅本想说，一切交由玉燕儿定夺。

未料，却于此时听见玉燕儿母亲哀恸的哭声从内室传来。

良渚墓葬里的各种玉器

风师傅与泽王顿觉不妙，冲入内间，不禁站立不稳。

此时此刻，在矮榻之上，静静地躺着一个人。她身着国巫华服，双目紧闭，嘴角含笑，面容安详，早已身故多时。

在她的裙摆上，坠着五枚展翅高飞的玉雕燕子，个个灵动活泼，栩栩如生。

【简读良渚古城遗址】

良渚古城遗址位于杭州市余杭区，是一个距今5300——4300年的早期国家权力中心遗址。2019年7月6日，良渚古城遗址在第43届世界遗产委员会会议上成功列入《世界遗产名录》，标志着中华五千多年文明史得到了国际社会的认可。国际古遗址理事会的专家考察后认为，良渚古城遗址代表了五千多年前中国史前稻作文化的伟大成就，是早期城市文明的杰出典范。在当时，这座古城的布局被分为宫殿区、内城和外城三重，并且已经出现了发达的稻作农业、复杂的社会分工、明显的阶层分化和统一的精神信仰，还有功能复杂的外围水利系统。良渚被誉为"实证中华五千多年文明史的圣地"。

参考文献

1. 良渚博物院、良渚研究院组编：《良渚》，东南大学出版社，2020年。

2. 俞为洁：《良渚人的衣食》，"杭州全书·良渚丛书"之一，杭州出版社，2013年。

3. 刘斌：《神巫的世界》，"杭州全书·良渚丛书"之一，杭州出版社，2013年。

4. 沈利波：《浙江德清-防风文化祭祀报告——防风文化的祭祀演变与传承》，百度文库，访问时间：2021年11月10日。

5. 倪迪飞：《防风祭祀仪式的"传统"与"现代发明"》，硕士学位论文，浙江大学，2009年。

第三章
以民为本——临安吴越国王陵

江山犹是昔人非

　　阳和启蛰，李白桃红，韶光淑气的春日午后，临安九仙山狭窄崎岖的山道上行来了一个气宇轩昂的官人。这个官人三十来岁，风姿特秀，爽朗清举，是杭州新来的通判。通判名唤苏轼，字子瞻，初到杭州，想对主事之地深入了解，于是邀了当地同僚相伴，先访察民情，再顺游九仙山。

　　春光明媚，和暖的云霞漫天团簇。目光所及，远山如洗，青翠欲滴。九仙山亦如其名，仿佛是山里住了神仙，天地间凝聚着一股灵气，风光极其秀丽。

　　苏轼一路欣赏美景，一路听着随行人员讲述临安的风土人情，不时驻足细观。

　　行至半山的栈道，不知从何处传来了一支不知名的小曲儿，洋洋盈耳，似是几个打柴的樵夫所唱。

　　苏轼侧耳倾听，半晌也没能听清楚，颇感遗憾。

　　少顷，从对面走来几个卖花的女郎，她们头戴鲜花，挎着竹篮，嘴里也哼唱着方才打柴樵夫所唱的同样小曲儿，步履轻快地从苏轼等人身畔经过。

虽是同一支曲子，可换了人唱，意蕴更加不同。苏轼虽听不太懂所唱为何，却也听得入迷，只觉声动梁尘，如闻天籁，目光不禁追随歌者而行，叹道："林籁泉韵，委实动人。"

同行友人见状，立即会意，便唤住了卖花女郎，先是买了一束花，接着再问道："不知娘子所唱乃是什么小曲儿？"

那卖花女郎见诸位官人相貌堂堂、衣着不凡，心知皆是见识颇广的郎君，便笑说道："诸位贵人莫非是第一次到九仙山来？也是第一次听这《陌上花》？"

"不瞒娘子，在下确实是头次来临安，也是头次听闻此曲。"苏轼谦逊作揖，"但请娘子解析。"

卖花女郎见他如此斯文有礼，便耐心相告："在吴越之地，此曲倒也没多少稀奇，本是一首儿歌，小儿们传唱颇多，我等乡野之人听了喜欢，便也爱哼哼几句。这歌儿啊，唱的是吴越王与其夫人戴妃'陌上花开，可缓缓归矣'的故事。"

"陌上花开，可缓缓归矣？"

于是，那卖花女郎便将这百多年前发生在杭州的故事，细细道来："贵人您有所不知，吴越王的妃子戴娘子原是临安横溪郎碧村的农家姑娘……"

随着卖花女郎的述说，苏轼眼前浮现出一幅美妙绝伦的景象：

一位身姿曼妙的女子，缓缓行走于阡陌纵横的花田之间。在她身后，是娘家人的屋舍；在她身前，却是她日夜思慕的郎君，他正含笑站在前方，朝她张开双臂，等待她的归来。

　　如此深情，感人至深。

　　回至家中，苏轼便唤来夫人新买的婢子朝云研墨。

　　朝云好奇，便多问了一句："主人这是要写什么？"

　　苏轼看了这小婢子一眼，沉吟片刻，笑道："写……侠骨柔情，兴亡成败……"

钱王祠

说罢了，便迅速提笔，写下了三首《陌上花》诗。

其一
陌上花开蝴蝶飞，江山犹似昔人非。
遗民几度垂垂老，游女长歌缓缓归。

其二
陌上山花无数开，路人争看翠軿来。
若为留得堂堂去，且更从教缓缓回。

苏轼感动于钱镠与戴夫人的美好爱情故事，但又觉得早前听到民间所唱的儿歌过于粗鄙，委实有些不利于传唱。于是，他再三斟酌，才决定重新进行调整创作。可刚提笔，脑海中不禁又浮现起一个王国的兴衰成败，苏轼将笔搁下，轻声叹息，心中不禁感慨万千。富贵荣华皆如浮云似梦，江山仍旧在，可人却已不是那个人，早已物是人非了。

他再次提笔，落下文字：

其三
生前富贵草头露，身后风流陌上花。
已作迟迟君去鲁，犹教缓缓妾回家。

写罢，似意犹未尽，苏轼又作引曰："游九仙山，闻里中儿歌《陌上花》。父老云，吴越王妃每岁春必归临安，王以书遗妃曰：'陌上花开，可缓缓归矣。'吴人用其语为歌，含思宛转，听之凄然。而其词鄙野，为易之云。"

立在一旁专心研墨的婢子朝云虽然年幼，识字也是不多，更看不懂诗文，但见主人写完诗后却似愁绪满怀的样子，嘴里又一直喃喃念叨"陌上花开，可缓缓归矣"，便又好奇探头问道:"主人可是说钱王与戴妃的故事?"

苏轼颇为诧异,笑着问道:"莫非这个你也知道?"

朝云连连点头:"自然是知道的,朝云还会唱呢。"

"来,来,唱来听听。"苏轼搁笔,饶有兴致地瞧着眼前这初来乍到的小婢女。

只见这小婢女朝云微微一笑,尔后,颇有仪态地往后退了两步,又有模有样地甩了甩袖子。接着,盈盈小手探出来,细细地掐着兰花指,唱起了一百年前,这位行伍出身,却实行"善事中国""勿废臣礼""保境安民"国策,护佑一方安危的睿智君王钱镠的侠骨柔情来……①

---

① 苏轼为何创作《陌上花》,可参见蒋文欢等《钱塘风雅》一书中《陌上花开缓缓归——武肃王钱镠的侠骨柔肠》。

陌上花开，可缓缓归矣

那是唐宣宗大中六年（852）的某个春日上午，微风送暖，万象更新。杭州临安县石镜乡大官山（现称功臣山）下的临水里钱坞垅，有一户主人名叫钱宽的普通渔民家里，主妇正在分娩。稳婆入得产房已有多时，却久久不闻婴孩啼哭的声音。

终于，一声响亮的啼哭声后，稳婆抱着一个襁褓中的婴儿，朝他走来。虽然面有难色，但仍然强撑着一个笑，说道："恭喜钱师傅，钱大嫂为你添了一个儿子。"

听说生的是个儿子，钱宽心中自然大喜，但见稳婆表情似有为难之处，还道是接生受了累，连忙道了谢，便想伸手去抱孩子。稳婆叮嘱："钱师傅，你千万要小心抱着。"说着，便将孩子送到了钱宽的手里。

钱宽凑近一看，瞧清楚了孩子的面容，不禁大为震惊。钱宽眼前的这个孩子，奇丑无比，委实叫人不忍直视。钱宽只觉得他是个妖孽，留着于家人无益，说不定还要祸害一方。就算他不会为祸一方，也怕是要叫乡邻们将他当成怪物来对待。钱宽可受不了那样的白眼，他到底也是个爱面子的人。

妻子在床上唤他,说要看看孩子。

钱宽却道:"看什么看,看了怕是要你吓得晕过去。"

他想着,万不能再让其他人瞧见这个孩子的模样了,心下一横,便抱着儿子往屋后走去。

刚巧撞见钱宽母亲来看孩子,钱宽母亲见儿子抱着孩子鬼鬼祟祟地就往屋后跑,心觉不妙,赶忙追了上去:"你这是要做什么去?"

钱宽苦着脸,压低了声音,说:"母亲大人有所不知,这孩子实在是太丑了,只怕是个怪物,万一等他长大做了坏事恶事,恐怕是要拖累家人的。"

钱宽母亲一把抢过孩子,瞪了儿子一眼,低声怒斥:"你懂什么,张嘴就胡说!什么怪物,什么坏事恶事,我的孙儿是天赐的神儿。哼,你不要,阿婆要!"

孩子落在祖母的怀里,便哇的一声哭了起来,仿佛是受了好大的委屈。

于是,这刚出生的丑孩子便被祖母救了下来,并取名"婆留",是"阿婆留其命"的意思。婆留的大名叫钱镠,虽说长得不大好看,可却自小聪颖灵敏,脑筋转得快,学什么都很快,并且十分擅长射箭与使用长矛,是一个热爱行侠仗义,爱恨分明,甚至视解决仇怨为终身事业的人。长大以后,钱镠做起了贩卖私盐的行当。在绍兴富盛镇,有座山名叫"跳山",据说就是钱镠贩卖私盐被官兵追赶之时的藏身之地,因为是匆忙之间跳入了山里逃命,所以这座山,后来便叫作"跳山"。[①]

① 根据百度百家号"浙江日报官方账号"2020年8月21日《陌上花开,钱镠深情艳千古》一文演绎改编。

年轻人到了适婚的年纪，终归是要成家的。钱家人为钱镠求娶了一个普通的农家姑娘，那是临安横溪郎碧村的一个戴姓姑娘，出身虽然平凡，但与钱家却是门当户对。这戴姑娘性情温良，知书达理，嫁给钱镠之后，照顾公婆，团结乡里，与丈夫夫妻恩爱，相濡以沫。钱家的日子过得平静祥和。

然而时间到了唐僖宗乾符二年（875），此时的天下，并不太平。浙西狼山（今江苏南通狼山）镇遏使王郢率先扯旗造反，在苏浙闽一带拥兵作乱，搅得天下大乱，民不聊生。官兵不够用了，朝廷便命浙西临安石镜镇守将董昌征募乡勇平叛。彼时的钱镠24岁，改变命运的机会来了。为了改善家人的生活，他决定应募投军。董昌一见到钱镠，便觉得他气度不凡，是个能人勇士。几番相处下来，便让钱镠做了副手。不负所望，钱镠很快就平定了作乱的王郢。随后一鼓作气，又平定了宣州、歙州一带的盗贼，逐渐在军中有了些许威望。

到了唐乾符六年（879），黄巢起义军来到浙东，打算借道去福建。当时钱镠手下的兵马不多，甚至很少，他是名不见经传的小统领，与黄巢根本就不是一个量级，双方的实力完全不能相提并论。钱镠对此自然也是十分清楚，所以并不敢硬拼，但仗来了还是要打，总不能躲过去。于是，钱镠心生一计，找了二十几个不怕死的好汉埋伏在黄巢军队的必经之地。黄巢军队刚刚进入埋伏圈内，钱镠命好汉们张弓就射。由于好汉们分散各处，黄巢的军队初来乍到，并不知伏兵的底细，一时之间也是阵脚大乱。

可是钱镠清楚，即便是能占一时的便宜，却不能一直占到便宜。毕竟，眼下的黄巢军队有几十万人，而自己手下却只有几百人，倘若硬拼，自己的人根本就不是

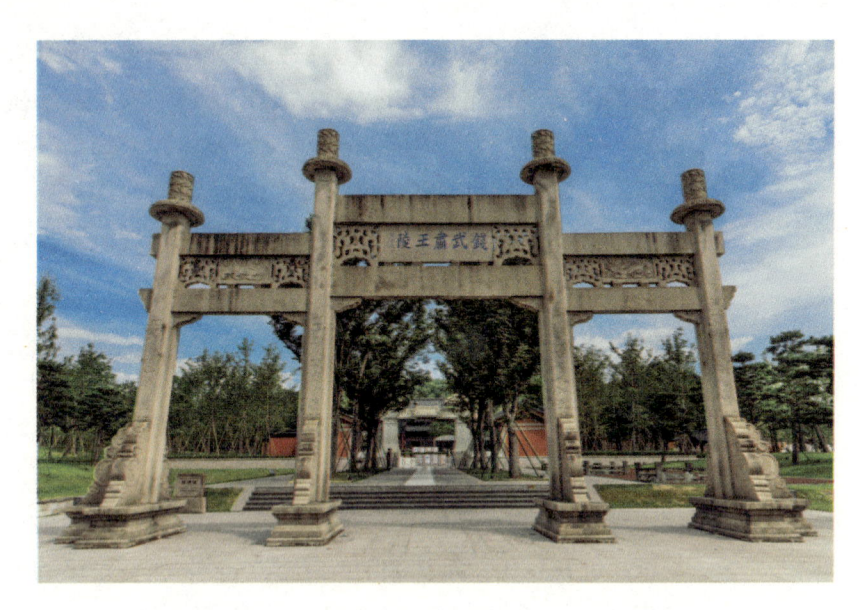

钱武肃王陵

对手。钱镠左思右想，又生出了一个妙计。他果断作出决定，带领余下部队迅速撤退。几十个人一路狂奔，撤退到了一个名叫八百里的镇子上。可逃到这里也并非就是活路啊，待到黄巢的人一到，定然要将镇子翻个底儿朝天的。届时不仅自己要遭殃，想必还会殃及老百姓。钱镠四下打量着眼前的这个小镇，心中忧思无限。就在一筹莫展之时，他瞧见了路边有位卖水果的阿婆。便是此时，他的心中又生了一计。他从兜里拿出一些钱财，交给阿婆，又说："阿婆，倘若待会儿有一路外地来的大军前来相问，问您前面的人都跑哪里去了，您便告诉他们屯兵八百里。"

"屯兵八百里？不就是这里吗？这个镇子就叫八百里。"

"对，您说得没错。但咱们告诉外地人不能说这个镇子就叫八百里。这个镇子叫什么，您得保密。您就说他们屯兵八百里便行了。其余的，就不要多说了。"

果然，很快，黄巢的军队就追赶而来，见一卖水果的阿婆，便上前询问。阿婆先前得了钱镠的好处，自然是要忠人所托，便按照钱镠所说的，告诉了黄巢的军队。

黄巢是个北方人，在此地人生地不熟，更是不知八百里是个地名，还以为是杭州的军队屯兵扎营有八百里地。他心中恐惧，觉得自己恐怕不是对手，毕竟强龙压不过地头蛇。黄巢思虑再三，不敢贸然行动，于是择道而行，不再借杭州的道。

黄巢一退兵，钱镠便声名大噪。他以区区几十人对抗对方几十万人，运用兵法，使得对方不敢进攻杭州，这为他赢得了赫赫威名。将士们尊敬钱镠，畏惧钱镠，服从钱镠。很快，钱镠便因为声望日隆而再次获得提拔，做了都指挥使。

当时的天下，早已是一团乱麻。且不说别的地方，只看浙西，叛乱早已是此起彼伏。

钱镠斗志昂扬，四处平叛，屡战屡胜。

唐王朝对钱镠不断进行嘉赏。先后任命钱镠为杭州刺史、武胜军防御使、镇海节度使、润州刺史。到了唐昭宗乾宁元年（894），钱镠再次被唐王朝嘉奖，加赐同中书门下平章事。这个职位，其地位是等同于宰相的。而此时的钱镠，才43岁。

唐乾宁二年（895），钱镠的老上级董昌，动了些大逆不道的心思。他想要称帝，想要在越州（今浙江绍兴）建立大越罗平国，改元顺天，要自称大越罗平国皇帝，接受万民的朝拜。钱镠听闻此事，觉得十分不妥。他不仅不愿意追随董昌，还曾写信劝阻："与其闭门作天子，与九族、百姓俱作涂炭，不若开门作节度使，使终身富贵无忧也。"①

也就是说，钱镠认为与其做个不磊落的皇帝，还不如做个光明正大的节度使。他写信道："做个闭门天子，岂有开门节度使自在？公行此事，是以九族身家作儿戏，请速改正，不然一旦族灭，悔之无及！"然而此时的董昌早已做起了皇帝的春秋大梦，又怎么可能听得进去劝告呢？董昌对钱镠的忠告置若罔闻，仍旧一意孤行。

钱镠也是固执，见劝说未果，索性便率兵来到越州城下。他求见董昌，再次苦口婆心地劝说："董公位极人臣，富贵终身，何必和朝廷作对？今天我率兵前来，想再劝董公一次，千万不要自作逆贼，为天下人所共愤！万一天子震怒，兴兵来讨，不仅公家遭夷灭，就是越州百姓，也要受公连累。福兮祸兮，唯公自择。"

钱镠的意思十分明确，便是说董公你都当这么大的官了，要什么有什么，何必要再生谋逆之心呢？做人臣子的，行忤逆之事，是要招来人神共愤的，不仅董昌自己会遭殃，还会给越州的百姓带来祸害。钱镠这是动之以情，晓之以理，以诚相待了。

谁承想，董昌不仅不听劝告，还一味敷衍钱镠，将他的一片苦心视若无睹。钱镠见他一意孤行，深知此人称王称帝之心已无可救药，为了越州百姓的安危着想，遂将董昌称帝之事禀报到长安（今陕西西安）去了。

唐皇震怒，当即决定讨伐董昌。但是派谁去呢？显然钱镠正是最佳人选。于是唐皇册封钱镠为彭城郡王，出兵讨伐董昌。

① 范坰、林禹：《吴越备史》卷一。

第三章　以民为本——临安吴越国王陵

吴越石

　　唐乾宁三年（896）五月，晚春与初夏交接，本是雅赏风光的好时节，越州却迎来了战争。在这场战争中，董昌一败涂地。他对自己老部下的实力是十分清楚的，打肯定是打不过的。但人生路既然已走到此地，他也只能听凭发落。董昌在被押解去杭州的路上，死于江中。后世对于这一段，有两种说法：一种说是董昌因为羞愧难当，所以不得不投江自杀；还有一种说法，则说董昌之死乃是被人杀害的。

　　但不论是哪一种原因，董昌的死，都为钱镠带来了更加直接又实惠的好处。

　　由于战功彪炳，威名远播，钱镠再次受到唐王朝的嘉奖，被册封为镇海、镇东两镇节度使，又加检校太尉、中书令，并将其画像列入凌烟阁，皇帝还赐了他"金书铁券"恕其九死①。这张金书铁券又被称为免死金牌，上面嵌刻着楷书金字三百余字，其中最具有实际代表意

①金书铁券，是唐乾宁四年（897）昭宗李晔为了嘉奖钱镠平定董昌而赐给他的，现收藏于中国国家博物馆。

119

义的文字是这几个："卿恕九死，子孙三死，或犯常刑，有司不得加责。"

金书铁券，又叫"丹书铁券"，是古代帝王颁发给功绩显赫的重臣的一种特权凭证，主要作用是免罪免死，所以在民间又被称为"免死金牌"。一般是用铁来打造的，上面则用朱砂写字。最开始的起源是汉高祖刘邦，他是为了笼络人心，才给功臣颁发这个免死金牌作为褒奖的。

当时的唐王朝似乎已经没有什么更多的东西能嘉奖给钱镠了，所以才会赐予他金书铁券，以感念他忠君爱国之举。

关于这张金书铁券，在唐朝覆灭几百年之后的明朝朱元璋时代，仍然具备一定的赦免效果。当时钱镠有一个后人在朝为官，犯了贪污的罪。明洪武年间（1368—1398），贪污可是大罪、重罪，幸得这张金书铁券，才得以免去一死。当然，此乃题外后话。

随着时局的动荡和历史的推移，钱镠所管辖的范围也越来越大，于是将治所迁到了杭州。唐昭宗天复二年（902），朝廷册封钱镠为越王。两年后，即公元904年，朝廷又册封钱镠为吴王。

到了天祐四年（907），中原政权发生了巨大的变化。梁王朱温通过禅让的方式，让唐哀帝李柷退了位。朱温代唐称帝，建立了梁朝。在这样的情况下，钱镠仍然保持着一方之主的地位，被新帝朱温册封为吴越王，并兼任淮南节度使。

公元912年，朱温之子郢王朱友珪弑父篡位。钱镠地位不变，并被朱友珪尊为"尚父"。

公元913年,后梁均王朱友贞发动政变,夺取了帝位。钱镠地位仍是岿然不动。

但彼时的天下早已是四分五裂的状态,时局动荡不安。漫说各地乱七八糟,就连后梁的皇帝也是频繁更迭。

在这样的情况下,各方诸侯纷纷有了更多、更深层次的想法。于是,西川(前蜀)、淮南(南吴)、岭南(南汉)、福建(闽国)等地的诸侯纷纷建国称帝。一时之间,华夏大地,遍地皇帝。当然,弟兄们也不光是自己当皇帝,他们心中也是挂记着东边的这位霸主钱镠。见钱镠毫无称帝的打算,于是纷纷劝说,叫他也来一并做个天子。

钱镠却不从众,他有自己的打算。割据吴越称帝,从来就没有出现在他过去的人生规划里。不仅如此,钱镠还批评已经称帝的诸王说:"此儿辈自坐炉炭之中,又置我于上耶!"①

这一番正义凛然,大家也不好说他什么。见劝说钱镠无果,也不打算再劝了。道不同不相为谋,便各自由对方去了。

到了后梁龙德三年(923),钱镠被后梁册封为吴越国王。后唐灭梁之后,钱镠又向后唐上表称臣。于是,又得到了"吴越国主""天下兵马都元帅"的头衔。虽然钱镠仍然向中原王朝称臣。但这个时候,吴越之地第一次以"国的身份"出现,作为行政首府的杭州,在历史上也是第一次以王国之都的身份出现,被称为"西府"或"西都"。钱镠自立年号,共有"天宝""宝大""宝正"三个年号;也设有朝廷,其僚属也自称臣。吴越,已是一种"国中之国"的状态。

①范坰、林禹《吴越备史》卷二:"天祐以后,中原多事,西川王氏称蜀,邛沟杨氏称吴,南海彭城氏称汉,长汉王氏称闽,皆窃大号,或通姻戚,或达聘好,皆以龙衣玉册洎书疏等,劝王自大,王尝笑曰:'此儿辈自坐炉炭之上,而又置我于上耶?吾以去伪平贼,承天子畴庸之命,至于封建车服之制,悉有所由,岂图一时之利,乃随波于尔辈也。'皆却之不纳,而诸国之主,无不咸以父兄事之。"

而那位出身农家的姑娘戴氏，也因此一跃成为一国之母。

半生以来，戴氏跟随丈夫颠沛流离，南征北战，十分艰苦。

现在条件虽然好了，自己也贵为一国之母，可她仍然保持着原来的初心，丢不下乡土情结，也放不下娘家的父老乡亲。每年春天，她都要回娘家去住上一段时间。在这段时间里，戴氏尽心侍奉双亲，尽力团结乡里，叫吴越国人莫不佩服。

钱镠对夫人的孝心之举，也是十分支持的。但从临安到郎碧山的路途十分遥远，来回一趟也颇不容易。不仅如此，在这路途中间，还隔着一座高高的山岭。这座山岭巍峨陡峭，一旁是峭壁陡立，一旁是深涧幽壑，稍有不慎，即有坠入深渊的可能，非常凶险。每次戴夫人回娘家去，都要经过长途跋涉，历经千辛万苦，才能成功翻过这座山岭。

钱镠见状，心中自然担忧。这条路长，路途也很艰险，倘若有别的选择，择道而行也是可以的。但偏偏是个必经之路。他很担心夫人的轿舆会在途中出现事故，于是便派了工匠前去，让他们铺石修路。不仅如此，为了保证安全，还在山路的两旁加设了栏杆扶手。

因着钱镠的这份温柔与体贴，后来这座山岭被改名成了"栏杆岭"。

又是一年春天，日长飞絮短，天地焕然新。一如往年，戴夫人也如千千万万个寻常人家出嫁的女儿那样，收拾了行装，要回娘家去探望家人，并且还会在娘家待上很长一段时间。

钱镠身为一国之君，日日不得闲，自然不能随夫人一道同往。

然而这一天，钱镠早早地处理完政务，走进花园，闲庭信步。满园的春色涌入眼帘，只见春暖花开，桃红柳绿，蝴蝶纷飞，万紫千红。

钱镠瞧着枝头俏丽绽放的桃花，突然想起夫人已许久未见了。倘若将这花儿戴在夫人的鬓边，定然是美不胜收的。如此鲜花，如此美景，他想马上与夫人分享。奈何此刻，她却不在身旁。

钱镠心生思念，不禁叹息，旋即又询问左右："夫人回娘家大概有多长时日了？"

左右回道："怕是已有两三月的时日了。"

"哎呀，这么久了啊！"钱镠微微皱眉，"花儿都开了，她怎么还不回来啊……"

说罢，钱镠迅速回去，铺纸磨墨，当即写了书信，差人快马加鞭地往戴夫人家里赶去。钱镠自幼家贫，读书甚少，原就是个善武的粗人，他心中没有多少文墨，所以所写的书信也自然是十分简单的。这封信上头，也只有寥寥数语："陌上花开，可缓缓归矣。"

然而便是这简单的寥寥数语，却情真意切，胜过了华丽辞藻堆砌而成的千言万语。

"陌上花开，可缓缓归矣"，是丈夫思念妻子，请她归来,但又不忍心催促,便说路上的花都开了,你可以一路欣赏着春光美景,一路慢慢地回来。

戴夫人收到书信,读罢不禁感动落泪。试问哪一个女子读到夫君寄来的这番催归的书信,能不感动呢?

当日,戴夫人便拜别了父母,启程回宫,往丈夫的身边赶去。

民间向来热衷于帝王夫妇的爱情佳话。钱镠这样一位铁骨铮铮的硬汉,对夫人却是如此柔肠百转,怎能不叫人动容?于是,这动人的佳话,很快便被民间编成了儿歌,广为流传。又过了一百多年,杭州城新来了一位通判,名叫苏轼。这是一位名动天下的大才子,他听了,不仅为之动容,还有感而发,重作了《陌上花(三首)》。这三首,一唱三叹,无限感慨,更为这个故事增添了许多色彩。

钱镠像

再后来，苏轼的学生晁补之追随先生的脚步，又作了八首《陌上花》来和：

其四
荆王梦罢已春归，陌上花随暮雨飞。
却唤江船人不识，杜秋红泪满罗衣。

其六
临安城廓半池台，曾是香尘扑面来。
不见当时翠軿女，今年陌上又花开。

其七
云母蛮笺作信来，佳人陌上看花回。
妾行不似东风急，为报花须缓缓开。

钱镠夫妇"陌上花开，可缓缓归矣"的故事，从此以后，流传千古，成为钱镠这位行伍出身的君王身上难以忽视的一抹柔情。

我们从钱镠的情感上转移一下视线，到他的事业上去看看。钱镠的事业，是一场进击史，是凭借着一腔孤勇，赤手空拳打来的天下。他虽然读书不多，不善文辞，但却是一位极具远见的睿智君王，他的许多决定，对杭州的影响都是十分深远重大的。翻看《钱氏家乘》，只见其中记载钱镠嘱咐"凡中国之君，虽易异姓，宜善事之"。

这句话是什么意思呢？是钱镠叮嘱自己的后代子孙，无论中原地区如何改朝换代，都不可生出忤逆之心，要将中原地区视为正朔，要称臣纳贡。

这个叮嘱，被后世史家称为"善事中国"。

钱镠"善事中国"的国策，令吴越之地在五代十国时期免遭战祸，安稳渡过乱世，护佑了一方百姓平安无虞，也令一方经济不受战乱影响，得到发展。同时，他又"连横诸藩"，与其他弱小的藩镇保持着和平友好的关系。对此，北宋政治家欧阳修曾评论道："独钱塘自五代时，知尊中国，效臣顺，及其亡也，顿首请命，不烦干戈，令其民幸富完安乐。"

这，是钱镠留给历史的另一个闪光之处。

善事中国

唐天祐四年（907），中国进入了五代十国时期。也是在这一年，钱镠被册封为吴越王。吴越国是那个历史时代比较特别也比较特殊的存在。对内，吴越国是一个独立的国家，有百官，有朝廷；对外，吴越却依旧向中原称臣。不论中原政权如何更替，都丝毫不会影响吴越国的任何决定。反正不管你中原皇帝是谁做，吴越始终称臣。于是，吴越国先后尊后梁、后唐、后晋、后汉、后周和北宋等中原王朝为正朔，并且接受其册封。由于钱镠家族所秉承的执政方针一直是对中原朝廷称臣，绝不称帝独立，所以深受中原朝廷的认可。这个方针，不仅于乱世中保护杭州百姓得以周全，在几百年以后，其耿耿忠心也感动了以铁血政策著称的明洪武皇帝朱元璋。朱元璋感念钱镠，便赦免了钱镠后人钱用勤的贪污死罪。当然，朱元璋此举，大概也是想告诫百官，只要对其绝无二心，必然能够得到他的嘉奖。

但如果剖析钱镠善事中国、拒绝称帝的原因，其实也能找到根本之所在的。吴越国的情况并不适合独立成国，这一点，想必钱镠心中是清楚明白的。吴越国虽然地势平坦，但地域却十分狭小，即便是在它的强盛时期，也仅拥有十三州疆域，约为现今浙江省全境、江苏省东南部、上海市和福建省东北部一带，主要城市有越州、湖州、苏州、婺州、衢州、温州、福州、处州（今丽水）、睦州（今建德、桐庐、淳安等地）、秀州（今嘉兴）等地。就地势而言，其实也没有什么优势，是一个极度缺乏天然屏障的地方。在地理位置上，是三面强敌环绕，一面临海，根本就不堪一击。诸多不利条件又如何能够独立成国呢？一旦成国，基本就是走上了灭国的道路。这些道理，钱镠自然是清醒明白的，在那个乱世，他能想到的，唯一能让吴越存活下去的办法，便是依附于强大的中原。

实际上，钱镠的决定非常正确。因为从来没有与中原王朝为敌，所以吴越国也从来没有被中原王朝打击过。吴越国始于公元907年，灭亡于公元978年，总共存在了七十多年，几乎贯穿整个五代十国时期。其"保境安民"的基本国策也一直延续，钱镠"甘居人下"，直至到了临终之时，仍然告诫子孙"凡中国之君，虽易异姓，宜善事之""如遇真君主，宜速归附"。

到了北宋太平兴国三年（978），钱镠后人钱弘俶奉旨进入汴京（今河南开封），为了确保吴越百姓不遭兵乱，同时也遵照钱镠"如遇真君主，宜速归附"的遗训，钱弘俶将吴越的疆域献给了北宋。尔后，钱弘俶先后被封为淮海国主、汉南国主、南阳国主。钱弘俶深感受用不起，便请辞国号。于是，又被朝廷封为许王。

吴越钱氏的深谋远虑、盖世功劳后来也被历代名家大为称颂。苏轼便是其中之一。他对钱镠的功绩赞颂不已，道："吴越地方千里，带甲十万，铸山煮海，象犀珠玉之富，甲于天下，然终不失臣节，贡献相望于道。"[①]

五代十国时期，钱镠家族执政，以杭州作为国都，对城垣内的宫室、街道、河渠、市场、房舍等进行了规

[①] 苏轼：《东坡全集》卷八十六《表忠观碑》。

吴越国境图

划和修建。钱镠和他后来的继承者们，钱元瓘、钱弘佐、钱弘倧、钱弘俶等，对杭州西湖进行了改造，引西湖水入城，解决了城市用水问题。又采取了保境安民的策略，给予了杭州充足的发展空间与时间，才有机会让杭州城从一个寻常的、默默无闻的小城，"第三等超升到第一等"，成为与苏州、越州并称的东南地区中心城市，并发展成中国的"东南第一州"和"世界上最美丽华贵的天城"。同时，钱镠家族还整修、新建了诸多佛寺，如灵隐寺、净慈寺，建造了雷峰塔、六和塔、白塔和保俶塔等。为了发展航运，钱镠家族还对钱塘江进行了整治。在那个时代，杭州便与外省以及日本、朝鲜等国家有着密切的海上往来。①钱镠家族，功在千秋，利在万代。

---

① 薛居正等：《旧五代史》卷一百三十三《世袭列传二》。

千年名门望族，两浙第一世家

第三章 以民为本——临安吴越国王陵

在杭州市临安区锦城镇太庙山南麓，有一个被誉为"临安十景"之一的地方，其牌匾是由钱镠第三十三代孙，国务院原副总理钱其琛所题的。这里庄严肃穆，颇有气势，这里就是"钱武肃王陵"，又被杭州人称为"三陵"。

"三陵"是吴越国时期重要的三座王陵。主要是指钱镠墓、钱宽水邱氏墓和康陵。康陵是吴越国第二代国王钱元瓘夫人马氏之墓。

2001年6月，国务院公布临安吴越国王陵（包括钱镠墓、康陵、钱宽水邱氏墓）为第五批全国重点文物保护单位。其文化遗存在临安的分布，可概括为"一城护三陵、佛寺星罗布"的格局。"一城"指衣锦城；"三陵"指钱镠墓、康陵和钱宽水邱氏墓。另外，还有众多佛教寺院。其中围绕功臣山的光孝明因寺（宋净土禅寺）、功臣塔、功臣寺和塔亭院（净度寺）最为著名。此外还有洞霄宫、千秋关、塘岭关等众多遗存。

景区经过重新调整后，陵园内风景更盛，青山翠柏，红墙古树，鸟语花香，生态环境极好。冲天耸立的石牌坊书写着钱氏千年的功德，承载了悠长岁月的石像生和环境幽宁的州池，也见证着历史的传奇。目前，吴越国王陵的布置经过严格的规划，非常讲究，从总体布局来看，是符合中国古代陵寝的排列规制的。以钱镠父亲钱宽与祖母水邱氏的墓作为轴线和起点，东南方向是钱镠墓，西南方向是康陵，这是古代礼制中"昭穆制度"的表现。什么是"昭穆制度"呢？

在《辞海》里有解释，"昭穆"是指"古代宗法制度。宗庙次序，始祖庙居中，以下父子递为昭穆，左为昭，右为穆"。

同时，在临安区内，还分布有一大批钱氏家族成员或者功臣显贵的墓葬。目前已经发现的有钱镠先祖墓、钱镠祖母水邱夫人墓，还有童氏墓、五代墓、钱元玘墓等。

吴越国王陵遵循坐北朝南的传统方式，左为青龙，右为白虎，从中间远远望去，能看到对面的功臣山和功臣塔。在钱王祠中，还悬着另一个牌匾——"祖武是绳"。这个牌匾是由钱氏后人钱君匋所书。钱君匋先生是我国当代杰出的艺术大师，是融汇篆刻、绘画、书法、装帧诸多艺术于一身的多面手。

吴越国政权虽只有七十余年，但其福泽绵延。对内三扩杭城、疏浚西湖、修建捍海石塘；对外则开辟了"海上丝绸之路"，缔造了江南盛世。钱王的《钱氏家训》虽只有五百余字，但却在个人修养、家庭构造、社会关系、治国方略上，对后世影响重大。

钱氏后人枝繁叶茂，人才辈出。后辈子孙多人为国为民做出过极大的贡献，几乎代代都有名人。光在宋代，就考取了300多位进士。近现代，钱氏后裔依然以"国之大义"为重，涌现出了许多利国利民之才。当然，这

钱镠墓

也与钱氏祖训有着很大的关系。

除了之前提到的钱其琛、钱君匋之外，钱王后人里还有宋末元初画家钱选、明代理学家钱德洪、清代的钱谦益，以及水利部原部长、中国工程院院士钱正英，世界著名科学家、"两弹一星"功勋奖章获得者钱学森，著名科学家、教育家、中科院院士钱伟长，物理学家、"两弹一星"功勋奖章获得者钱三强，著名作家钱锺书，中国现代历史学家、思想家、教育家钱穆等。他们犹如浩瀚星海，闪烁在历史的天空里。每年，临安举行的"清明恭祭钱王"活动，从世界各地赶来祭祖的外地钱氏后裔更是多达1000余人。因此，钱氏被誉为"千年名门望族，两浙第一世家"。

"钱王精神"以国为重，这也是江浙精神的典型代表。对吴越国王陵的保护，不仅是保护国家的文化遗址，同时也是保护及传承优秀的文化精神。

【简读吴越国王陵】

　　临安吴越国王陵，是国家重点文物保护单位，位于浙江省杭州市临安区锦城镇和玲珑镇，是五代十国吴越陵墓群。其中包括吴越国第一代国王钱镠王墓，第二代国王钱元瓘的王后马氏墓、钱镠父母钱宽和水邱氏墓。钱镠墓背靠太庙山，与功臣山遥遥相对，其墓有大型封土堆，长、宽各约50米，高9米，地表遗存华表、石马、石羊等石刻。钱元瓘王后马氏之墓康陵保存较完好，其墓为砖廊石室，分前、中、后三室，前室有壁画，后室刻天文图，四壁有石刻浮雕和彩绘的牡丹图案。

　　临安吴越国王陵景区青山绿水，风景秀丽，牌坊、亭台、楼阁林立，明清时期"钱王古冢"即被列入"临安十景"之一。

参考文献

　　1. 薛居正等：《旧五代史》，中华书局，1976年。

　　2. 吴任臣：《十国春秋》，中华书局，1983年。

　　3. 蒋文欢等：《钱塘风雅》，"最忆杭州"丛书之一，杭州出版社，2019年。

　　4. 范坰、林禹（一说钱俨作，托名范坰、林禹）：《吴越备史》，《武林掌故丛编》清光绪二十一年（1895）丁氏嘉业堂重刊本。

5. 苏轼：《东坡全集》，文渊阁《四库全书》本。

6. 杭州市人民政府地方志办公室编：《杭州精览》，浙江人民出版社，2018年。

第四章
梦回南宋,春秋烟雨
——南宋临安城遗址

靖康之耻

南宋绍兴四年（1134），四月十九日。晴，有东风。

烟雨朦胧的江上，驶来了一支水军。

为首那艘船的船头上，傲然如山峰般挺立着一位身着铠甲的英伟男子。他指着前方漫漫江水，怒不可遏地喝道："飞不擒贼帅，复旧境，不涉此江！"

英雄豪杰，言出必行。

五月六日，一日收复郢州（今湖北钟祥）。

五月十七日，兵不血刃收复襄阳。

五月十八日，收复随州（今属湖北）。

七月十七日，攻取邓州（今属河南）。

七月二十三日，收复唐州州城……

襄阳六郡收复，岳飞名震天下。

他曾奋笔怒写：

  怒发冲冠，凭阑处、潇潇雨歇。抬望眼、仰天长啸，壮怀激烈。三十功名尘与土，八千里路云和月。莫等闲、白了少年头，空悲切。　　靖康耻，犹未雪。臣子恨，何时灭。驾长车、踏破贺兰山缺。壮志饥餐胡虏肉，笑谈渴饮匈奴血。待从头、收拾旧山河，朝天阙。

靖康耻，犹未雪。

是啊，犹未雪。那是发生在公元1127年的耻辱。

但是，说起发生在南宋开国皇帝赵构身上的故事，还要再回溯两年。

赵构的父亲赵佶，在中国历史上，是一个艺术上的天才，政治上的庸才。他在位二十五年，重用蔡京、童贯、王黼、梁师成、李彦、朱勔等"北宋六贼"，将国家一步一步拖向深渊。

在北宋逐渐衰落的同时，在我国黑龙江、松花江与长白山一带以完颜部落为核心的女真族，却一步一步强大起来，并将进攻的刀尖指向宋朝。北宋宣和七年（1125），金军兵分两路，朝着宋朝汹汹而来。金太祖完颜阿骨打的次子完颜宗望，领兵自平州（今河北卢龙）攻宋；金国相完颜撒改的长子完颜宗翰，则领兵直扑太原。很快，完颜宗望的大军破郭药师军于白河，并横渡黄河。其军势如破竹，引来东京开封府内那位只爱艺术的"千古画帝"的无尽恐慌。宋徽宗赵佶迅速禅位于太子赵桓。赵桓不得不接过父亲手中的烂摊子，即位为帝，史称宋钦宗。到了靖康元年，即公元1126年正月，完颜宗翰的大军长驱直入，所向无敌，攻下了滑州，包围了北宋首都汴京（今河南开封）。但汴京到底是国都，又有尚书右丞李纲誓死抵抗，所以未能破城。同年八月，金兵又兵分两路，再次攻宋。到了十一月，金兵两路大军会师汴京，攻克汴京。宋徽宗、宋钦宗被俘。

金军在汴京城进行了大肆搜刮，烧杀抢掠，使得城中公私积蓄为之一空。之后，金军册立原北宋宰相、主张投降的张邦昌为帝，国号"大楚"。张邦昌成为金人的傀儡，替金人治理黄河以南地区。然后，金军兵分两路撤退。一路人马，以完颜宗望为首，按照皇室谱牒，监押宋徽宗、郑皇后、亲王、嫔妃、皇孙、公主、驸马等人往滑州北去。另一路人马，则由完颜宗翰监押，被俘人员包含宋钦宗、朱皇后、太子、皇亲及秦桧、孙傅等人，朝着郑州北行。除此之外，金人还带了工匠文集、宝器法物、百姓男女等统共至少十万人向北而行。

无论后世的人们如何想象当时的场景，可能都难以还原当世之人的苦难与屈辱、痛苦与仇恨。大家印象最深刻的，应该是那个季节。那本来是一个百花待放的季节，如果没有战争，自称"天下第一人"的宋徽宗，应该又要为此作诗作画，吟唱歌颂无尽美好的春天。谁又能料到，在这个即将迎来春暖的季节里，料峭的北风裹挟着塞外的寒流，横冲直撞地冲入大宋京城汴梁之内，刮得汴梁内外飞沙走石，天昏地暗。

在宋人李心传所著的《建炎以来系年要录》当中有记载，建炎元年（1127）夏四月，金兵沿途"纵兵四掠，东及沂、密，西至曹、濮、兖、郓，南至陈、蔡、汝、颍，北至河朔，皆被其害。杀人如刈麻，臭闻数百里，淮泗之间亦荡然矣"。

其状究竟有多凄惨，已无法想象。恍惚中，狂风里，只见走来长长的一队人马。他们身着锦绣衣衫，长着一副打小就养尊处优的面容，原本该是站在高位的体面人，此时此刻却是披头散发，狼狈不堪，什么气度，什么气韵，统统都被敌人踩在脚下。他们原先是大宋的皇亲贵胄，个个都曾经是高高在上的人上之人，而今却是俘虏，是双手被绳索捆绑，像蚂蚱一样被串连起来，任人宰割的阶下囚。他们的未来即将如何，没有人知道。他们无法逃离，连皇帝都被俘虏，其他人又能奈何？他们前途未卜，个个面如死灰，双目失神，哭哭啼啼。看着曾经美丽富饶的这片土地满是断瓦残垣，荒凉满目，不禁泪流满面。山河零落，风雨飘摇，从此以后是个丧家之犬，不再是江山的主人。

《宋史》中记载宋高宗："靖康元年春正月，金人犯京师，军于城西北，遣使入城，邀亲王、宰臣议和军中。朝廷方遣同知枢密院事李棁等使金，议割太原、中山、河间三镇，遣宰臣授地，亲王送大军过河。钦宗召帝谕指，帝慷慨请行。"

后来，人们将这次事变称之为"靖康之变""靖康之难""靖康之耻"。

北宋灭亡。

宋，将进入另一个时代。

而以"天下兵马大元帅"的名义在外招兵买马的徽宗九皇子赵构，则逃过一劫。父兄被虏，国不可一日无君，21岁的赵构在群臣拥护下，于南京应天府，即今日的河南商丘登基为帝，改元建炎，成为南宋的第一位皇帝，史称宋高宗。

由于南宋的政权刚刚建立，北方的局势不明，自己根基也是不稳，赵构思前想后，迫于形势，任命抗战派李纲为宰相。但此时，在军事上，南宋节节败退。南京显然已是不宜久留。赵构首先要解决的是避往何处的问题。这是一个十分严肃的问题，于国、于民、于君，都不得马虎。对此，群臣也展开了非常激烈的讨论。

李纲身为宰相，认为"关中为上，襄（今湖北襄阳市）、邓（今河南邓县）次之，建康（今江苏南京）又次之"。①

年轻的皇帝举棋不定，金兵却又再次举兵进犯。眼见着就要兵临南京城下，当时任衢州司刑曹事的张邵面谏："有中原之形势，有东南之形势。今纵未能遽争中原，宜进都金陵，因江、淮、蜀、汉、闽、广之资，以图恢复，不应退自削弱。"②这句话是什么意思呢？也就是说"有中原的形势，有东南的形势。现在纵然未能迅速争取中原，也应该进都金陵，以江、淮、蜀、汉、闽、广的财富，图谋恢复大业，不应退缩而削弱自己"。

到了十月初，金兵忽然南侵，赵构慌忙乘坐御船沿着大运河朝扬州奔去。抵达扬州之后，赵构似乎松了一口气，虽未定都，却也依着群臣的意思，在扬州修建起了宫室。③奈何建炎三年（1129）二月，金兵再次进犯，攻下了徐州。徐州距离扬州颇近，金兵的目标显然是直指扬州。果然，金兵其势凶猛难敌，先后攻下徐州、淮阳、泗州，再分兵力奔袭扬州。

中书舍人卫肤敏见状不妙："……臣倾尝三为陛下言，扬州非驻跸之地，乞早幸江宁，今钱塘亦非帝王之都，宜须事定亟还金陵。"④

---

① 李心传：《建炎以来系年要录》卷六。
② 脱脱等：《宋史》卷三百七十三《列传一百三十二》。
③ 李心传：《建炎以来系年要录》卷十一中记：禁中修造复兴，御前生活复作，宫中费用复广。
④ 脱脱等：《宋史》卷三百七十八《列传一百三十七》。

卫肤敏的意思就是说，扬州不是定都的好地方，江宁（今江苏南京）才是，皇上咱们快往那边逃跑吧。

眼看着金兵步步逼近，赵构感觉也是不能再迟疑了，再迟疑怕是不仅小命不保，还可能会被金兵掳走北上，和他父亲、兄长给关在一起。想到这里，赵构当机立断，带领御营都统制王渊和亲信宦官康履，仓皇而逃。这群人带着宋朝的命运与最高政权，从扬州逃到了镇江。在镇江又下令设江宁府为建康府。然而他们心里也是充满矛盾的，甚至对自己的判断也是不自信的。他们时而觉得镇江、建康安全，时而又担心镇江、建康不安全。毕竟这两个地方都距离前线太近了，倘若金兵强悍，前方抵抗不住，那么赵构的生命安全也是无法保障的。思前想后，赵构又仓皇逃窜到了杭州。

原先做皇子时的赵构，全然不是这个样子的。他也曾勇敢无畏、不惧生死，是个敢于为国家抛头颅洒热血的青年。不知后来的赵构会不会时常回忆起靖康元年（1126）的春天，野心勃勃的金兵第一次包围开封府，咄咄逼人地要求宋朝割让太原、河间、中山三地，并让亲王和宰相前去送金军过黄河。彼时的赵构20岁，天不怕地不怕，心中有着自己想要守护的信仰，于是向皇帝自请，亲自前去，他倒要去看一看，敌人究竟多么凶猛。皇帝自然应允，他甚至求之不得。

赵构到了金军大营里，表现得极为突出，他和其他被俘虏到金营便畏畏缩缩的宋人很不一样，他毫不畏惧，从容淡定，宛如闲庭信步，压根儿就不把眼前的这个困境放在眼里。这引起了金人的注意。时年二月，京畿宣抚司都统制姚平仲在某一个深夜里，突然袭击了金人的营垒。事后，金军大怒，提来营中的宋使张邦昌与赵构，大肆呵斥侮辱。张邦昌恐惧万分，被吓得伏地痛哭。可

南宋临安城遗址

再看那皇子赵构，却是神情淡然，丝毫不为之所动。金人心中于是生了疑惑，觉得赵构可能是个冒牌货，并不是什么真正的皇子。在金人心里，觉得赵家的皇子都应该和他们想象中的一样，都是窝囊废。而眼前的赵构，却分明是个铁骨铮铮的英雄好汉。于是，金军竟然将赵构遣送回去，要求宋朝换五皇子肃王赵枢前来为质。赵构得以回朝。

也是在这一年的冬天，金军再次南侵。此时的赵构再次奉命出使金营，但是河北磁州守臣宗泽却极力劝阻赵构留下，他担心这一次赵构会被金兵俘虏，并且不会再像上一次那样容易脱身了。

到了靖康元年（1126）的十二月，金兵再次包围开封。此时赵构受命为天下兵马大元帅，与敌抗争。

后来，他的父兄被掳，他登基为帝。

然而这个皇位却并不好坐，金兵太强，赵构一直都在被追杀。因为一直被追杀，所以他也一直在逃命。

这与当年他的勇敢，形成了极为强烈的反差。

建炎三年（1129），赵构从镇江、建康逃到杭州后，改州治为行宫，以显宁寺为尚书省，打算偏安杭州。

偏偏在这个时候，发生了一件影响了赵构自己一生，也影响了南宋王朝命运的事。

苗刘兵变

建炎三年三月癸未（1129年3月26日），并不是一个寻常日子。这一天，是宋神宗赵顼的忌日。按照规矩，文武百官当行香祭祀，然后再上朝议事，大家要在临时准备的大殿上，向当朝皇帝赵构汇报工作与战况。等到退朝以后，文武百官也会按照常例，离开殿前。

此刻，原先就不明朗的阳光，突然隐了去。黑沉沉的云压了下来，仿佛暴雨将至。杭州知州康允之抬头看了看天，脸上露出欣慰的笑意。春雨润如油，下雨了好，下雨了万物才能奋力生长。他昂首挺胸，步履匆匆，忙着赶着要回衙门去处理公务。

忽然间，一阵风扑面而来，他的鼻子嗅到了一丝不同寻常的气味。这气味委实有些奇怪，令他感到十分不适——这气味竟然像是，像是鲜血的腥甜之味……

他顿足，寻着风看去，还未看出个什么名堂，耳畔却传来随扈的催促："官人，咱们还是快回去吧，看这天色怕是要落雨了，小人忘带油纸伞，倘若是把袍子淋湿了，怪可惜的。"

康允之点了点头。他心中虽然存了许多疑惑，但还是迅速转身，同随扈一道快步离去。

很快，康允之的疑惑就得到了印证——御营军统制苗傅与御营军副统制刘正彦发动了兵变。他们设立伏兵在城北桥下，待王渊经过时，便以其勾结宦官谋反为由，将王渊拖下马，并杀死了他。随后，苗傅与刘正彦便带着王渊的首级，包围了宦官康履的住处，开始大肆扑杀宦官。①

叛军兵临城下，高声大呼："苗傅不负国家，止为天下除害耳。"②

康允之知道，苗傅与刘正彦对皇帝一逃再逃、消极抗金颇有微词，对皇帝重用贪腐无能的王渊、康履更是愤恨不已。但如今兵临城下，虽说苗傅表明态度不会负国，却提出了要皇帝退位的要求。不仅如此，他们还要立皇帝不足三岁的小儿赵旉为帝。

按照苗刘二人的要求，康允之只得带着文武百官，请皇帝到城楼上安定军民，阻止叛乱。他心中自然是恐惧的，虽是迈着小碎步往前奔跑，可每一步都似有千钧重，每一口呼吸都很艰难，他不知道苗傅与刘正彦会把皇帝怎么样，会把大宋江山怎么样，更不知道自己这么做是对还是错，是助纣为虐，还是匡扶正义。他没有办法，为了杭州城的百姓着想，他只能顺势而为。

天寒地冻，夜里的杭州城风很大，呼呼地吹着。

城楼下，苗傅派人去请隆祐太后前来，望她今后能够垂帘听政，辅佐幼帝。而在城楼之上，被反的赵构正静静地坐在竹椅上，他一筹莫展，却又无可奈何。他只

---

① 《续资治通鉴·宋纪一百四》载："癸未，神宗皇帝忌，百官行香罢，制以检校少傅、奉国军节度使、制置使刘光世为检校太保、殿前都指挥使，百官入听宣制。苗傅、刘正彦令王世修伏兵城北桥下，俟王渊退朝，即捽下马，诬以结宦官谋反，正彦手斩之。遂遣人围康履家，分兵捕内官，凡无须者皆杀。"
② 《续资治通鉴·宋纪一百四》。

第四章　梦回南宋，春秋烟雨——南宋临安城遗址

能等待着太后的到来，看看太后来了以后，会作何评说。当然，倘若苗刘二人非要自己退位，甚至要自己的性命，赵构也是奈何不得的。如今的他，人为刀俎，我为鱼肉，生杀大权都在别人手里。夜里天气寒冷，赵构却坐在竹椅上，宫人见了，于心不忍，便为他送来了被褥。赵构见状，却是起身，竟然站在一旁不再入座。宫人再请，却闻他叹道："如今的我，已经不配坐这个座位了。"①

众人听了，心中莫不暗自唏嘘。

康允之一直静静地守候着，默默地注视着眼前发生的一切。

终于，隆祐太后来了。在叛军的胁迫下，太后同意垂帘听政。赵构也愿意禅位于自己年幼的儿子，但他提出了四个条件：第一个条件是，要求苗刘二人得像对待禅位的宋徽宗那样，礼待让位的赵构；第二个条件是，赵构让位之后的事情，得听太后及幼主的处置；第三个条件是，让位诏颁下后，苗刘部队应该立即返回营区②；第四个条件是，苗刘须得约束叛乱军士，不可抢掠纵火，惊扰百姓。

苗傅统统答应了。赵构提的这些要求个个在理，苗傅也没理由不答应。达成共识以后，当天，赵构便前往显忠寺居住。隔天，隆裕太后垂帘听政。而逊位的赵构则被尊为"睿圣仁孝皇帝"，他居住的显忠寺也被改名为睿圣宫。逊位之后，苗傅对于赵构身边的人，进行了严格的把控。最后，赵构只留下宦官十五人。

所有人都以为大宋可能也就这样了。然而康允之却知道，大宋的未来绝不会就此定局。

---

① 《续资治通鉴·宋纪一百四》："众皆惊愕失色。百官复入言：'傅、正彦不拜。'帝问故，众莫敢对，希孟独曰：'有二说：一则率百官死社稷；一则从三军之言。'通判杭州事浦城章谊叱之曰：'此何等语也！三军之言，岂可从耶！'帝谓胜非等曰：'朕当退避，但须禀于太后。'胜非曰：'无此理。'颜岐曰：'若得太后自谕之，则无辞矣。'帝乃令岐入奏，又命吴湛谕傅等曰：'已令请太后御楼商议。'是日，北风劲甚，门无帝帏，帝坐一竹椅，无藉褥，既请太后御楼上，即立楹侧不复坐，百官固请，帝曰：'不当坐此矣。'"

② 《续资治通鉴·宋纪一百四》："遂命胜非以四事约束傅：……三日降诏毕，将佐军士即时解甲归寨……"

果然，过不了多久，张浚、张俊、刘光世、韩世忠反应过来，联名传檄天下勤王。他们从平江大举出发，讨伐苗傅与刘正彦。

建炎三年四月戊申（1129年4月20日），隆祐太后下诏还政。赵构复位还宫后，尊太后为隆祐皇太后，立赵旉为太子。勤王军刘光世、韩世忠、张浚、张俊、吕颐浩等人入城面见赵构之后，将逃亡的苗傅、刘正彦等叛军俘虏、正法。

经此兵变，康允之忧心忡忡。

现在的他，隐隐约约预感到，皇帝大概是要在杭州彻底安定下来了，很有可能会将这"南地"变成第二个"北都"。

南宋建炎三年（1129）的二月，赵构仓皇逃到杭州，听说杭州的辖县有一个叫"临安"的地方，便大感欣慰地认为这是吉兆。于是，便升杭州为临安府，寓意是"临时安顿的地方"。据说当时，他和百官其实都并没有彻底打算将杭州当作是宋朝的长期都城来对待的。

然而不久之后，完颜宗弼忽然率军经安吉攻向杭州来。赵构措手不及，只好再次往东南逃遁。这次南逃，经过了越州（今绍兴）、明州（今宁波）。在明州，赵构舍陆登舟，将朝廷寄放在几叶舟上，风雨飘摇地向台州、温州逃去。完颜宗弼的兵下海追了三百里，直到遇见台风暴雨，才被迫撤退，引兵北去。赵构这才从温州返回越州，绍兴元年（1131），赵构升越州为绍兴府，表示"绍继中兴"[①]之意。

但是皇帝驻跸绍兴府，绍兴府却撑不起皇帝的朝廷。

[①] 一说"绍祚中兴"。

《建炎以来系年要录》卷四十七中记录,绍兴"江湖寇盗多,贡赋不继"。由于人多物少,又偏于一隅,有着诸多不便,赵构便以"会稽漕运不继"为由,在绍兴二年(1132)正月,移跸临安。

直到绍兴八年(1138)时,南宋朝廷才决定正式定都临安。为什么会将都城定在临安呢?

首先临安具备一定的地理优势。临安地处东南海边,其地貌又有丘陵地区,危峰险谷,想要进攻显然是比较困难的,是抵御金兵铁骑的天然屏障。赵构认为:"朕以为金人所恃者骑众耳。浙西水乡,骑虽众不得骋也。"[①]意思是说金人多以骑兵为主,而浙西水乡的地理优势则很容易导致金兵无法发挥自己的特长。

临安有运河,不但可以与整个太湖流域城市沟通,且出镇江便可北通淮泗,西南可与长江流域城市相通,

石柱础

[①] 李心传:《建炎以来系年要录》卷二十七。

甚至到达成都、广州等城市。而内河航运则可以联络浙东各州县，连接闽、广、温、台各海运要道。利用舟楫，进可攻，退可守。

另外，杭州经济情况较好。唐朝永泰初年（765），杭州便已是"骈樯二十里，开肆三万室"。五代时，钱塘"人物日以繁盛，遂甲于东南"。到了北宋时期，杭州已是"东南第一州"了，拥有富庶的物质条件。由于此城地处京杭大运河的南端，往东又与浙东运河相接，所以从隋唐时期起，这里就是两浙的中心，被誉为是百事繁庶的"地上天宫"。"地上天宫"这个形容词也是后来"人间天堂"的另一个表达方式。同时，考虑到南宋政权的经济与军事实力，综合对比，杭州是最佳选择。

况且就算是有朝一日守不住了，赵构从临安逃跑出去，也是极为方便并且安全快捷的。

这个时候的赵构，其首要任务是保住性命。唯有保住了性命，才有时间去恢复大宋的国力。而也只有国力强盛了，才能收复失地。

但赵构为了表示自己故土难离，所以即便是已经定都在杭州，却仍然将之称为"行在所"。"行在所"的意思，其实就是表示杭州只是天子巡行才来的地方。

然而，这个"行在所"却存在于南宋朝廷的整个时代，直到南宋灭亡，其都城都没能迁到别处去过。

百万生聚妙行寺

南宋绍兴二年（1132）二月初春，寒意未消，春日微暖。微风轻轻一吹，便见杏花如雨，梨花似云，钱塘两岸百花含苞，齐齐待放。

在杭州城北郊夹城巷，有一家妙行寺，宋代有位名叫俞本的诗人曾作诗《游妙行寺》。诗中写道：

中峰苍翠里，微径入禅关。
石座香尘积，莲池苔藓班。
鹤盘云在树，龙过雨侵山。
会得规中意，怡然一解颜。

这首诗讲了妙行寺的风光。妙行寺是一个风景秀丽的地方，虽然寺庙并不太大，但却在宋代朝廷南渡之后，起到了极其重要的作用。

此时此刻，正值晌午，僧人看了一眼天，尔后敲响寺庙的钟。

钟声一响，那些原本分散在附近，带着大包小包歇着脚的人们纷纷从包裹里翻出碗来，匆匆地朝着那敲钟的寺庙奔去。

一个年轻人茫然地看着眼前的这一幕，有些不知所措。他从北方来，刚刚下得船来，一路随波逐流地随着人群从码头行至此处，陡然见到大家都纷纷朝着一个方向跑，不免心生疑惑。刚好此时，有一名衣着整洁的老汉与老妻相互搀扶着，步履甚至有些焦急凌乱地从年轻人跟前跑过。年轻人连忙伸手，拖住老汉便问："敢问老丈，前方究竟是个什么地方，为何这钟声一响，大家都朝着那一处奔跑而去呢？"

被拖住的老丈听他声音，立时顿足，上上下下地将这年轻人打量了一番。只见这年轻人二十来岁的年纪，身上穿着一件青布衣衫，虽然看起来脸色疲惫、风尘仆仆，但气质却是十分俊朗干净，想来原先也是个出身体面的读书人。老汉于是问道："小官人是新到临安府来的吧？"

年轻人连忙点头，拱手说道："是，老丈猜得没错，晚辈刚从北边过来。由于家中父母俱已仙去，只剩兄长尚在人世，所以此次前来，便是为了寻我那在军中供职的兄长团聚的。"

"你兄长是什么时候来的？"

"他是建炎三年追随官家渡过长江来到此地的。"

"如此说来，小官人的兄长乃是官家亲军？"

年轻人却没有回答，只是愣了愣。不知是不方便回答，还是不知道该如何回答好，他动了动嘴巴，却什么也没说，只同老丈笑了笑。

老丈到底是个聪明人，自是明白流民四集之处，又怎能将自己的身份和盘托出呢？多少还是要留一点余地的。至于他，原本也只是随口一问罢了，倒也并不在意答案究竟是什么。这么一想，老丈又说道："无妨，无妨。小官人你来对了地方，你看这临安府上的大街小巷，这来来往往的人啊，其实大部分都是追随官家亲兵重臣而来的家眷，有些是近属，有些是远属。战祸连年的，大家都是背井离乡，都一样，都一样的。"

年轻人听闻老丈所言，便又接着说道："实不相瞒，兄长确实是官家的亲兵。两个月以前，晚辈收到了兄长的来信，说他已安顿妥当，叫我前来相会。我是初来乍到，也不知兄长如今是否还在原先之地驻守，就想着不妨先歇息一日，明日再早早起来，细细寻他。可惜晚辈孤身一人，对临安城也是人生地不熟，只恐怕，寻亲也是要寻上好一阵子的……"

老丈见这年轻人十分茫然，便将碗递给妻子，嘱咐妻子随众人前去。接着，他又转身同那年轻人说道："既然小官人是从北边来寻亲的，又无依无靠，那老汉便同你细细说说这临安城，往后你也知个东南西北，寻亲也是要方便许多的。"

年轻人连忙作揖道谢："有劳老丈。"

老丈指着那远处敲钟的地方，说道："小官人你看呐，那一处，是官家为安置南渡百姓所设置的接待寺，名唤'妙行寺'。每日晌午呢，妙行寺的僧众都要在寺庙门口分发粥食馒头。这一来，是普济众生，二来嘛，这原本也是朝廷的安排。朝廷心系百姓，怕流民到此处无处安顿，万一落得个饿死、累死、流落街头，很是不妥啊！"

"哦？朝廷还有这样细心的安排？"

"是啊。自打建炎三年升了临安府之后，朝廷为方便百官与将士，还有那官眷、军眷以及大批南迁的百姓，定了诸多便利的办法。比如说在一些江河码头或者交通要冲之地，设立接待的地方。而这些地方又大多数是寺庙，便被称为'接待寺'。现如今临安府内统共有二十多个接待寺，其中最大的接待寺，便是咱们刚才所说的妙行寺了。小官人只要持有效证件，便可入妙行寺入住歇脚，直到小官人在临安府找到落脚之处。"

"原来如此。"那年轻人再次看了看远处的寺庙。那寺庙跟前人潮汹涌，根本就不像是能再挤得进去人的样子。他不禁微微皱眉。

老丈看出了他表情的深意，连忙说道："你也莫要心急，此地地处运河码头，自然是流民四集。不过小官人你看，那妙行寺门口，除了专门发放粥食的僧众外，也是有朝廷的人驻扎着的，倘若是有人闹事，或者有些流民不符合居住在此处的条件，便会被遣送到别处去的。"

"别处又在哪里呢？"

"方才不是同小官人讲了嘛，朝廷在临安府城内城外，统共设有二十多个接待寺呢，来多少人都接待得了。"

年轻人看着人潮汹涌的码头，不禁有些忧心，感叹道："如此光景，竟然已持续了好几年。可见官家在此地建王城之心已定啊！"

"定不定，这个就不是我等小民所能理解的了，我们只管听从朝廷的安排即可。"

"是啊，是啊，老丈所言甚是。但是，倘若北来移民源源不断，不知这临安城又能否承载得了？更不知这蜂拥而至的移民，会不会令临安本地人产生紧迫之感？"

老丈闻言，不禁又是一笑，说道："小官人这番忧国忧民之心实在可敬可佩，倘若小官人将来为官入仕，定然是要造福一方的。"

年轻人忙作揖："忧国忧民，乃是人之本能。晚辈愚钝，所忧之事也颇为浅薄，还请长辈指点。"

老丈见他谦虚，便接着说道："小官人你看。"

年轻人随着他手指所指之处看去，但见许多人在远处一块空地上席地而坐，身边堆放着大量的行李。

"你再看。"

顺着老丈的手指看去，但见远处村落零星散落，本地百姓几乎尽数出门，协助衙门安顿移民。本地百姓家的孩童与移民百姓家的孩童早已玩成了一片，本地孩童讲着吴侬软语，移民孩童说着官话，尾巴上还带着浓浓的"儿"字。虽然语言不通，但却玩得极为开心，并且比画比画，竟然都能理解对方的意思。

"小官人你再看看那一边。"

年轻人被老丈带出了几步去。他见街头巷尾已经有许多修建好的以及正在修建的屋舍，这些屋舍有些看起来像是私人宅邸，有些看起来又像是衙门专门修建来商用的。但不管是谁修谁建的，总归是派得上用场的。

第四章 梦回南宋，春秋烟雨——南宋临安城遗址

修建后的南宋皇城遗址

除此之外，还有许多摆摊儿的和穿行其中的挑担的。虽然入目皆是一片熙熙攘攘、吵吵闹闹的景象，但在这乱中竟然也是十分有序的。人与人之间尽管陌生，不太亲近，但却有着相同的目标，是能够互助友爱，携手同行的。

年轻人似乎明白了老丈带着他东走西看的用意。他叹道："临安虽不大，但人口却还有极大的补充空间。倘若要将此地发展为都城，那必然需要更多的人来参与建设，发展经济。农业、商业、手工业，各行各业都需要有人才能发展。人才是国家繁荣昌盛的第一要素。人多了，交流自然也就多了起来。交流多了起来，文化、经济才能发展起来。文化与经济发展起来了，国力才能昌盛。"

"那是，那是。"

"王城肯定是需要重新规划修建的，但这必然是一件长远的事情。以晚辈之愚见，等到再过些年，这临安城肯定又是另一番景象：大街及诸坊巷，大小铺席连门俱是，再无虚空之屋；而那大街小巷的商铺里，必然是琳琅满目的商品。"年轻人越想越高兴，满身风尘似乎也被喜悦尽数洗去。他再看这人潮汹涌的码头与人来人往的街道，竟也不感厌烦了，原先充斥于心中的烦躁与不安尽数消弭，取而代之的是满心的欢喜与无限的希望。

两人正说着，老丈取粥的妻子回来了。

她端着一陶瓮的粥，还有几个馒头缓缓走来，招呼年轻人一道食用。

年轻人也不推辞，道了谢，便同老汉夫妇在一旁的树荫下坐下。待坐定了，年轻人从自己的包袱里拿出一个油纸包。那油纸包里装着几块焦香的羊肉炕馍。

年轻人说："这是晚辈临行之前买的了，怕到了临安没得吃。当然，晚辈怕的也不止这点，晚辈起初最怕到了杭州寻不到兄长，前途渺茫，不知该走向何方。可听老丈细细一说之后，倒是我多虑了。此时心安，吾心安处即是家，晚辈今后定然将临安当成自己的家乡来对待的。来来，老丈和婶婶莫要嫌弃，一道尝尝这家乡的滋味吧。"

老丈与妻子恐怕是许久没有见到这家乡的羊肉炕馍了，闻着孜然香味，竟然热泪盈眶。

那婶婶尝了一口，已是泪流满面，思乡之情难以自抑。

年轻人有些不知所措，老丈连忙说道："无妨，无妨，由她哭去。"顿了顿，又说道："我家姓宋，原是在汴京开酒家的，你婶婶做得一手好吃的，这羊肉炕馍，原就是她的拿手绝活。后来战火连天，不得不携家带口四处逃难，我们是走一路，她学一路。但凡尝过当地的美食，皆能炮制出一样的美味佳肴，甚至更胜一筹。可这颠沛流离的日子我们是过够了啊，只想着寻个安生的地方，聊度余生。如今我们也是刚刚逃到临安城里来。同你一样，要寻找自己亲人的。"

"宋老爹家中可还有什么亲人？"

"有一个女儿，嫁了丈夫，和夫家早先一步到这临安城里来。如今安顿在哪里，我们也说不清楚，是要找一找的。"说着，便从衣服内里拿出一个锦囊。宋老爹小心翼翼地将锦囊打开，再小心翼翼地从里面取出一张字条，递给年轻人，说："我与你婶婶也不大识字，正准备明日寻个教书先生，帮我看看女儿家是安在何处的。如今遇见小官人，不妨就请小官人帮老汉我看看吧。"

年轻人接过字条，仔仔细细地看了又看，说道："老丈与婶婶的女儿女婿就住在临安西湖钱塘门外。看这书信上头说，是官家赐了房屋土地，家里也开了小本经营的餐馆，就等着婶婶前去，好教大家做些北方的家乡菜。"

"这，这，这可太好了。我这两日早就听说了，各地流民汹涌而至，其中又以汴京流民最多，但官家待家乡人是尤其宽厚的，不仅宣诏赐钱，还赐田赐屋。原先以为这些都是传言，万没想到竟是真的，我儿竟然就已享受到了这样的待遇，可真是好啊！"说完了又有些不信，将那字条拿来再看了看，又递给年轻人说，"小官人，你还是帮老汉我再看一看，这上头所说，可是当真？可别叫我夫妇二人空欢喜一场。"

老汉的妻子也是仰着头,眼巴巴地瞧着年轻人,盼着从他嘴里再次说出这个好消息来。

年轻人再次看了看,又点头道:"是真,是真,绝无虚假。"

老丈的妻子闻言,终是一颗心落了地,她明明是笑着,眼角却流下汹涌的泪水。老丈见状,笑着替她擦掉泪水,又对年轻人道:"年纪大了,吃的苦多了,一点高兴的事都叫人想哭,叫小官人见笑了,见笑了。"

年轻人淡淡一笑,端了粥喝。

老丈的妻子缓过精神,三两口吃了羊肉炕馍,喝了两口粥,便催促老丈:"老头子吃快一点,吃完我们就去找孩子们。我知道那钱塘门在何处,昨日里我险些就走到那里去了,可是人实在是太多了,跟洪水似的,一

南宋皇城遗址风光

窝蜂地涌过来，就把我又给挤了回来。"虽然口中讲的是抱怨，但是脸上却溢满了笑意。老丈的妻子大约发现自己过分激动，便顿了顿，又说："但人多也好啊，人多咱们开门做生意，才能红火起来。大家都是从北边来的，可都想着家乡的滋味呢。走，走，吃完了我们马上就走。"

老丈被催得急，也是不好意思，便迅速地吃完、喝完，起身要同年轻人道别。

年轻人连忙报了自己姓名，便说往后安顿好了，定然要来老丈家的餐馆尝尝。

老丈也说道："若是你寻亲不得，便来钱塘门寻我们。既然是家乡人，在异乡便都是亲人，你自不必同我客气。"

"是是是，这是自然。"

"告辞。"

"宋老爹、宋婶婶慢走。"

老丈与妻子拎着包袱，相互搀扶着，朝着钱塘门方向而去。

年轻人目送他们的背影消失在人群当中，才转身朝着不远处的妙行寺走去。今夜，他须得在妙行寺里待上一晚，明日再去寻找兄长。

宋嫂鱼羹唤乡愁

又是一年三月的春日。

西湖上面飘着一层薄雾，远处的山岚若隐若现，宛如披上了一层轻纱。湖畔的柳树发了新芽，微风拂来，轻轻摆动，仿佛一群善舞的娇弱女子，直撩得人心旌荡漾。其间穿插着三五株桃花，有些含苞待放，有些肆意绽放，都争先恐后地站在枝丫上，仿佛一个个待嫁的姑娘。

湖水澄澈，碧波荡漾，湖中央，有一艘大船正缓缓航行着，在它左右，还紧紧跟随着几艘小船，像是护佑着大船航行。这艘大船十分庄严华丽，雕梁画栋、金碧辉煌，每一根柱子、每一片瓦，都是精心设计的。在那甲板之上，还站着身着铠甲的侍卫。显然，船上之人并非寻常之人，定然是个身份显赫的贵人。

岸上的百姓有时也会翘首一看，烟波浩渺间，也是看不出个什么究竟，但远远地，还是能听见从大船上传来的丝竹管弦，声声入耳。想来，是有人在上面载歌载舞，寻欢作乐。

原本在西湖上听曲儿赏景是件极其寻常的事，城中的达官显贵们也常常会在此处宴请贵宾。但今日却特别不同，因着这艘大船的存在，其他船只就只能停靠岸边，不得航行。倘若是船主与客人想要上船办事，还得提交一些证明，通过了官兵的审核，才能上船。

更为蹊跷的是，西湖岸边尽管看起来一切如常，也是人来人往，商贩货郎吆喝着买卖，但是五人一岗站着许多官兵。这些官兵，就往那里一站，便仿佛是隔绝了湖心贵人的船与岸上寻常的百姓。

有一些从外地前来赏游西湖的人不明白为何，颇感疑惑，于是纷纷驻足凝望。但百姓怕官兵似乎是血脉里流淌的天性，他们尽管好奇、疑惑，却又不敢上前询问。

便是此时，不远处传来一阵微微的争执。当然，只是微微争执，并且这争执声还是由粗野鲁莽的官兵所发出的呵斥。

那官兵呵斥的，是一群读书人。

这群读书人年纪轻轻，青衫白扇、风度翩翩，正当少年好时候。看他们的表情，似乎是从外地赶来，专程想上西湖游景去的。奈何因为手中没有当地衙门的批文，便没能上得船去，哪怕是停泊在岸边的小船也上不得。

为首的，是一个高个子，长得儒雅风流、玉树临风。他与三五友人，站在岸边，瞧着近在咫尺的画舫，却不能登上去，心里多少有些不悦。

虽然争取过了，但仍未如愿，便只好转身，往别处去。刚走出去没多远，便见一家门头寻常的饭馆里人流如注，想来滋味不错。几人商量着，便上到二楼，又选了个临窗的好位置，这才坐下。退而求其次，坐在这窗户边上，也好远眺西湖。高个书生又叫来一桌饭菜，准备与友人大吃一顿，以泄心头不悦。

店小二隆重推荐了几个菜，那读书人也不多废话去做选择，便由着店小二安排。

店小二刚要离去，那读书人却又唤住了他，打听道："哎，小兄弟，那大船上的究竟是何人物，为何如此阵仗？"

店小二听这读书人的口音便知他是外地人。他回头看了一眼西湖，再笑着同那读书人说道："想来官人是初到临安，不知倒也无妨。如今那西湖上游湖还能摆出如此阵仗的，普天之下又能有谁呢？自然是只有我们太上皇才敢如此的了。"

"太上皇？"那年轻书生闻言，站起身来。

与他同行的读书人也一并好奇地站起身来，去窗边朝那远处的湖心看去。

此时的西湖仿佛仙境一般，远山缠着轻纱，轻轻摇曳，煞是迷人。湖面上飘荡着丝丝缕缕的轻雾，虽时近午时，却并未散去。那停在湖水中央的大船上，挂着灯笼朵朵，倒映在湖面上，若星辰霓虹。

与年轻书生一同前来的，也是同样年纪的读书人。其中一个看了一眼西湖，便扭头对其他友人说："太上皇怕是再也没有回汴京的打算了。"

"哦？"年轻书生听闻此言，问道，"何出此言？"

同行友人说道："如今是淳熙六年，距离建炎三年到杭州，都已经过去五十年了。太上皇从意气风发的青年，成了须发皆白的老者。当初他将临安定为'行在'。可如今你们看，他几时又有过想要重返汴京的念头呢？"

这个问题抛出来，旋即引起了邻桌众人的兴趣。

有人说："咱们先不说朝堂之事，也不讲那金人如何，且说说临安城。建炎三年，咱们太上皇率领内侍及

古时的器具

亲军渡过长江，百官、百姓随之渡江者有数万之众。当时朝廷为了保证北方的官民能够顺利渡江，顺利迁徙到临安城里来，颁布了诸多的便民法令。这些法令引来西北移民万千，在很短的时间之内，移民数量就超过了本地人数倍之多。如今我们再看这临安，街巷繁华，人口数量众多，大街小巷人潮汹涌，熙熙攘攘，好不热闹啊！你们看那钱塘江沿岸的城南郊区和运河两岸的城北郊区，竟然已经形成了十多个市镇，其人口也是十分密集。我估计啊，整个临安府的人口恐怕早已经超过百万之多了，这与当年汴京人口的数量是差不多的，甚至可能还有过之而无不及呢。诸君且想一想，如此繁华的临安城，如此繁华的临安府，朝廷又如何舍得放弃，再返回汴京去建那伤心之地，收拾那遍地的残局废墟呢？"

他的这番话也不无道理，甚至叫人听来觉得倍感唏嘘。很快，他的言论得到了赞许，有人接着说道："就不知道大家心心念念非要回那汴京去做什么呢？如今咱们的皇城不也修建得蛮好的吗？耗费了那么多的人力物力修建了好几十年，就为了当初的一句话，便要将这些心血都舍弃了再回汴京去吗？回去做什么呢？那汴京城早就被金人糟蹋得不堪入目了，大家回去不是更加触景伤情吗？有些伤口看似愈合了，实际上伤疤还在，掀一掀还是痛得很呢。再则，真要让官家带着朝廷回到汴京城里去，不可避免的又要重建汴京城。如此劳民伤财之事，莫说官家的想法，想来整个朝廷，甚至是寻常老百姓，也都是不愿意的。"

他的话自然是得到了更多的赞许。

另一看起来也像是个读书人出身的老者闻言，颤巍巍地站起身来，说道："想当年，老朽还如诸君这般意气风发之时，得我兄长指示，前来投奔。初到临安，只见四野荒凉、杂乱无章，人们还要靠朝廷设置的接待点来生活。而今再看这临安城啊，繁花似锦，满目欣欣向荣，老朽心里也是深感欣慰啊！"

"是啊，是啊，那个时候确实就像一锅粥似的，把一切东西都胡乱炖在一口锅里。"

"哎，这个比喻得当。你们瞧，我们原本是从五湖四海汇聚而来，大家在语言、饮食、生活习惯上本来是不一样的。但如今除了小部分老年人仍然坚持着原先的口音与生活习惯，其他大部分人都已经再无南北之分了。尤其是年轻人，大家都是在临安城出生的，更是莫论南北，早已是一家人了。"

"对对对，确实早已是一家人了！"

"再说如今咱们这皇城啊，修来也是十分不易的。它原先是杭州的州治，对吧？"

众人皆是连连点头。

老书生接着说："是建炎三年，咱们太上皇将它辟为行宫的。到了绍兴元年，草创皇城。老朽想啊，估计当时太上皇就已经下定决心要将杭州定为国都了。你们说说，现在这皇城这么大的一片区域里，莫说那金碧辉煌的宫殿了，就说那些亭台楼阁、园林花木，可都是精心布置的，俱是精华之所在啊！如此费心、费力、费财、费物地建了好些年，现在都还在修建之中，未来还不知道要修建到何年何月呢，又如何可能轻易舍弃得了呢？"

"再说了，如今咱们的皇城可是开创了南宫北市先河的，皇宫在南，民居、市集在北。因为那些可供给城市发展的主要用地,都在吴山以北,要为城市发展留下足够的余地。这么先进,这么敢想敢创的方法,也是前无古人的。"

"是是是,说得也是啊!"

食客们七嘴八舌,各抒己见。人声鼎沸中,其中一人高声说道:"这乱世,安生日子也是得来不易的啊,如今的杭州,可不就是过去的汴京嘛。官家在哪里,国都就在哪里。林兄,你说是也不是?"

被称为"林兄"的人,便是那位个子高高的,领着众友人来游西湖的年轻文人。

对此,他却没有说话,只是笑了笑,而后转身从窗户边上回到了自己的座位上。

店小二也便是此时拿来了酒菜。众人纷纷就座,说起些无趣的小事,把酒言欢起来。方才议论朝堂之事的热闹,也仿佛从未在这间酒肆里发生过。

众人正吃着,忽听楼下传来了嘈杂的响动。这响动有些过分大了,并且持续了很长一段时间。

有些食客按捺不住好奇,便探头瞧了瞧,似乎是瞧出了名堂,又再与大家说道:"咱们太上皇啊,可真是个大善人啊!"

"哦?何出此言?"

"你们看,楼下来的,那可是太上皇的内侍。看样子像是替太上皇往湖中放生了龟、鱼回来的,手上还拎着篾篓呢……咦，他们是来宋嫂饭店取个什么菜吗？"

有好奇者，已临窗看去。

恰是此时，端来酒菜的店小二上楼来了，见大家好奇楼下所发生之事，便说道："确实是太上皇派人来买鱼羹的。也不知太上皇是听了哪位官人的推荐，今日竟然遣派使者前来购买鱼羹，两三次了。"

"鱼羹？"

"是呀，鱼羹。鱼羹可是咱们老板娘宋嫂的拿手好菜呢。她年轻的时候与丈夫来到临安城，寓居在钱塘门外，受了朝堂的恩惠，才得以建起这座饭店。定居后不久，又与失散的父亲母亲在此地重逢团聚。咱们宋嫂的母亲原先可是汴京城里数一数二的厨艺好手呢！宋嫂与母亲团聚以后，得母亲真传，也是习得一手好厨艺。诸位官人瞧瞧，我这手上端着的，便是宋嫂亲手所做的鱼羹。咱们太上皇刚刚派人来买的，也正是这道菜。"

心生好奇的众人不禁纷纷围了过来。

那店小二忙又说道："大家莫看这鱼羹看似寻常简单，其工序可是复杂得很呢，很是需要等些工夫的。"

"这鱼羹，到底是用什么做的？"

"回官人，这是用鳜鱼或者鲈鱼所做，先要将鱼蒸熟，剔去皮骨，再加上火腿丝、香菇、竹笋末、鸡汤等佐料烹制而成。"

说着，店小二将鱼羹放置于那位林姓官人的餐桌上，又道:"让诸位官人久等了。诸位请趁热喝这鱼羹,此时口感最佳,相信诸位官人定然也会赞不绝口的。"

林姓官人尝了一口,不禁点了点头。

这鱼羹色泽油亮,鲜嫩滑润,犹如蟹肉般爽口。

邻桌众人见状,纷纷呼唤店小二,争着抢着要点这道菜。

店小二却道:"诸位官人倘若想要吃宋嫂亲做的这道菜,恐怕是要再等一等了。"

"为何要等?难道店里的鱼都给卖没了?"

"这哪能啊!就算是真卖完了,前面可不就是西湖嘛,再捞就是了。咱们家宋嫂,方才已被唤去了太上皇的船上问话呢。想来是太上皇觉得这鱼羹美味,想要让宋嫂教给御厨们手艺呢。"

众人见状,更加要点这道菜了。等等也没关系,就算等到天荒地老,也非得要把这鱼羹吃到嘴里才肯罢休。

林姓官人吃罢了酒菜,与众友人相携下楼。刚下楼,便见宋嫂饭店主人夫妇在皇家侍卫的护送下,回到饭店。

原来,是太上皇听了身边老臣的推荐,觉得好奇,便遣了使者前来购买。一次吃完,觉得不够,便又多来了两次。买回去也不是给自己吃,而是邀请一道游船的臣子们共食。太上皇尝了宋嫂所做的鱼羹之后,十分喜欢,也是赞不绝口。他听说鱼羹的烹饪者是从汴京来的,便唤了人来相请,叫到近前问话。哪知道,当太上皇一听见宋嫂的汴京口音，便勾起了思乡之情。宋嫂一家寓居临安几十年了，竟然还能保持原先说话的口音，真是难能可贵啊！太上皇见宋嫂年纪与自己相当，俱已是垂垂老者了，便赏赐了她金银绢帛，又派了内侍亲信专门送宋嫂老夫妇二人回来。想来，便是为宋嫂饭店站台来的。

果不其然，原先这间门头看起来极其寻常普通的饭店，顿时门庭若市。大家都争先恐后地来定下宋嫂鱼羹这道菜，非要品尝品尝太上皇也喜欢的口味。

林姓官人驻足围观了一些时候，在他清俊的面孔上，也是看不出是乐是忧，只觉得淡淡的，像西湖一样平静。

同行的友人说道："林兄，太上皇方才已经回皇城去了，这西湖也解禁了，咱们可以去游湖了。走，咱们寻个画舫，请个唱曲儿的姑娘，好好地游览一番这人间的仙境去。"

林姓官人点了点头，随众而去。

当日，在这满湖争奇斗艳的西湖画舫当中，有一位来自浙江平阳的文人，名唤林升。他在游湖之时，题写了一首诗《题临安邸》：

　　山外青山楼外楼，西湖歌舞几时休？
　　暖风熏得游人醉，直把杭州作汴州。

临安府

游罢西湖,再翻开历史书,将时间停留在南宋绍兴八年(1138)。

南宋的第一位皇帝赵构,做出了一个艰难的决定:正式定都临安。

从那以后,杭州城伴随着一个王朝,开启了一个城市建设的巅峰之旅。据唐俊杰、杜正贤《南宋临安城考古》一书所记:

南宋临安城东西窄,南北长,西临西湖,东濒钱塘江,南过凤凰山,北到武林门。共有旱门十三座和水门五座。"诸城壁各高三丈余,横阔丈余",城外有护城河。"水门皆平屋",旱门"皆造楼阁",十分壮观。

宫城亦称大内,位于凤凰山东麓。大内有四门,以南门丽正门为正门,北为和宁门,东为东华门,西有西华门。丽正、和宁诸门,"皆金钉朱户,画栋雕甍,覆以铜瓦,镌镂龙凤飞骧之状,巍峨壮丽,光耀溢目"。丽正门内有大庆殿,为正朔大朝会的场所。若遇百官听麻、圣节上寿、进士唱名等，则又改为文德、紫宸、集英、明堂等名称，一殿多用。北为垂拱殿，为"常朝四参起居之地"。另外还有延和、崇政、复古、缉熙、勤政、嘉明、射殿、选德诸殿，天章、宝瑞诸阁，以及皇太后坤宁殿、皇后福宁殿等。

南宋杭州的居民区仍保留了坊的名称……城内共有九厢，即宫城厢、左一南厢、左一北厢、左二厢、左三厢、右一厢、右二厢、右三厢、右四厢。以纵贯全城的御街为界，分东、西两部分管理。杭州城的附郭县为钱塘、仁和两县，前者在西，后者在东。南宋杭州繁盛无比，"城内外有百万人家"，"城内外不下数十万户，百十万口"，杭州城的人口当在百万以上。

王朝已逝，物是人非，曾经发生在这片土地上的事，还深深地镌刻在这片土地上。南宋临安城从平面图看来，似一个长方形。总体布局仍然按照"前朝后市"，即朝廷在前，百官衙署和市区在后的传统格局来进行规划设计。城南是皇城、中央官署以及太庙。从望仙桥东至万松岭一带，遍布皇亲国戚、宰执等达官贵人的府邸。城中部则是鳞次栉比的店铺。北部设有国子监、太学、武学、贡院等，以及最大的书市和游艺场"北瓦"。城内街巷纵横，河流交错，交通十分便利发达。可以想见，当年有多繁华。

而今，尽管南宋临安城遗址已被现代建筑所覆盖，但根据考古发掘调查与证实，遗址大部分都位于杭州市原上城区和下城区地下大约2—3米处，保存依然是十分良好的。

【简读南宋临安城遗址】

南宋临安城遗址位于浙江省杭州市南部凤凰山东麓宋城路一带,面积约50万平方米,现为国家重点文物保护单位。随着历史的变迁,南宋皇城已深埋于地下2—3米处,仅在万松岭南、杭州市中药材仓库的西侧地面上有一小段皇城北墙尚存。

杭州城垣最早修建于隋开皇十一年(591),经过吴越国和北宋不断扩建改造,规模逐渐增大。宋高宗赵构初到杭州时,"城之内外所向墟落,不复井邑"(曹勋《松隐集》卷三十一《仙林寺记》)。南宋在北宋杭州州治基础上开始营建皇城和都城。绍兴十二年(1142),"作崇政、垂拱二殿"。至绍兴二十八年(1158),才初具规模。到宋孝宗以后,因国内形势渐趋安定,财力已趋雄厚,皇城宫殿才有规模地兴建起来。此后,再经过诸帝持续一百多年的扩建和改建,至南宋末年,凤凰山周围九里之内,布满了金碧辉煌、巍峨壮丽的宫殿。"一时制画规模,悉与东京相埒。"当时的皇城称为"大内",四周各开一门。宫殿和城门的规模和格局与北宋汴京相同,巍峨的丽正门前建有宫廷广场,就仿造了东京的宫殿格局。门为三重,大门之上还有城楼,门外广场四周设有红杈子,戒备森严,禁止随意通行。进入丽正门,就是遍布大内的宫殿、园林和亭阁,均依傍于凤凰山东麓,围绕着馒头山,利用自然山水和地形而建。

南宋词人杨泽民在《风流子·咏钱塘》中写道:"佳胜古钱塘。帝居丽、金屋对昭阳。有风月九衢,凤皇双阙,万年芳树,千雉宫墙。户十万,家家堆锦绣,处处鼓笙簧。三竺胜游,两峰奇观,涌金仙舸,丰乐霞觞。 芙蓉城何似,楼台簇中禁,帘卷东厢。盈望虎貔分列,鸳鹭成行。向玉宇夜深,时闻天乐,绛霄风软,吹下炉香。

惟恨小臣资浅，朝觐犹妨。"这首词形象地说明了南宋都城的华丽雄伟。不过如此华丽的都城，却在元代毁于大火。南宋临安城遗址展示区包括以宫殿为中心的展示区、以西门为核心的展示区、以和宁门为代表的广场区、东宫与后苑的绿化休闲区等。

参考文献

1.毕沅：《续资治通鉴》，中华书局，1999年。

2.杭州市人民政府地方志办公室编：《杭州精览》，浙江人民出版社，2018年。

3.傅伯星：《杭州街巷旧闻录》，杭州出版社，2007年。

4.唐俊杰、杜正贤：《南宋临安城考古》，杭州出版社，2008年。

第五章

雨过天青云破处
——南宋瓷窑遗址

高 师 古

"嘭!"

又是一声碎落满地的巨响。

高师古①不禁眉头一皱,嘴角一咧,发出咝的声音。仿佛这一摔,摔的不是瓷器,而是她自己。伴随着这声音,她擦拭瓷器的动作,也随之停止。

端坐在一旁书案后的温如玉,原本正在纸上仔细记录着每一个验收合格的瓷瓶信息。可是伴随着隔壁摔瓷器的声音愈发剧烈,高师古的表情也跟着变得愈发夸张。温如玉受到了影响,索性就不写了,写也写不好的。这间屋子里就只有他们两个人,他总是会被她的一举一动所牵引。温如玉将毛笔搁在笔架上,将莲花造型的砚台往手边推了推,饶有兴致地瞧着高师古。

高师古感受到了他的注视,有些不好意思,低了低头,说:"温大哥,你可别笑话我,我就只觉得摔碎了怪可惜的,到底是辛辛苦苦烧出来的,有点小瑕疵也是正常的嘛,留给寻常百姓使用不行吗?非要活生生给摔碎了去,实在是有些浪费……"

① "高师古"之名来源于南宋官窑遗址出土的一个轴顶碗,故事是虚构的。这个碗高4.4厘米,顶径6.2厘米,底径6.8厘米,唇略圆,直腹至底部渐收,底平。腹内胎逐渐加厚,内壁施青黄薄釉,釉色匀净,外壁无釉,刻画"高师古"三个字。

穿越历史来看你 HANG ZHOU

温如玉笑了笑,道:"我也知道一些小瑕疵是可以容忍的,我也觉得把有小瑕疵的瓷器给摔碎了可惜。但是,师师,你可别忘了咱们这里是什么地方了。"温如玉拿过一个盘子,倒扣着放在桌上,示意高师古:"来,师师,你来识一识,这四个字念什么?"

高师古定睛一瞧,倒是老老实实地念了出来:"官窑……"念了两个字,她感觉自己被耍了,表情有些尴尬,噘着嘴瞪着眼,有些生气:"哎呀,我知道咱们这里是官窑[1]啊!这家窑场在乌龟山西麓,东边是钱塘江,西边是八卦田,北边是将台山,东北距离皇城也就几里路,与老虎洞官窑相距也不过是几里路,你时不时就跟我念叨着,我都能背了。"

"对啊,官窑。老百姓又管咱们叫内窑。内窑、官窑是什么?顾名思义,可不就是所有瓷器均是由'官家'督造和采办的嘛。官窑烧制出来的东西,那可都是给贵人们使用的。贵人们的东西,怎能将就?怎能容得下一丝一毫的瑕疵呢?"

"话虽这么说,可我到底有些舍不得,都想悄悄偷走几个回家去的……"高师古虽然这般埋怨着,可她哪里敢这么做呢。要是人人都如她这么办了,窑场还办得下去吗?况且,她也知道温如玉说的都是正确的。

其实原本这家窑场是不要年轻女孩子过来帮忙的,只是因为早年急需人手,又因着她父亲是烧制瓷器的老师傅,家里往上三代都是烧制瓷器的好手,从汴京来到杭州,一直都在为官家烧窑。传到高师古这一辈时,偏偏母亲连生九个都是女儿,没能为父亲生得一个儿郎。于是,高师古作为长女,才被特别允许到官窑里来帮忙,做做擦洗瓷器的工作,也算是窑里对她家族的一些照顾。

[1] 官窑是我国古代由朝廷直接控制的官办瓷窑,专烧宫廷、官府用瓷。宋代官窑有北宋官窑和南宋官窑之分。

这还是邵都知特批的。为了避免她独自一个姑娘在窑里工作叫人说闲话，后来窑场便允许招募女子来做一些擦洗、造模等较为精细的活计了。不过，来的大部分还是需要帮衬家里的已婚妇人，像高师古这样未婚待嫁的姑娘在窑场里做工的，其实也没几个。

至于温如玉，则是正经考进来的。温如玉的出身很寻常，虽然也是从汴京过来的，但其家庭并没有什么背景。好在当时朝廷的政策还算开明，又急需用人，所以只要有真才实学，又肯吃苦耐劳，哪怕是个寻常百姓，也能够在杭州城内谋得一个还算体面的活计。于是，温如玉便凭得一手好字，考进了窑场，专门来做纪录的工作。这些记录的册子，一来是面圣所需，二来是留存储藏。

温如玉与高师古搭档的环节，是记录每一个通过隔壁审核的瓷器的每一处细节。譬如器物的形状是什么？是鸭形，还是鹅形？是莲花口，还是桃花口？是盘子，还是杯子？诸如此类，事无巨细，但凡与器物有关的，方方面面都要记录下来。高师古除了擦拭器物之外，还要同时进行测量与描述。相比之下，温如玉做的事情就要单纯得多，高师古说什么，他记什么。当然，他也不会完全放任高师古自己观察，完全听从她的说法。很多时候，他会在高师古描述得磕磕巴巴时，站起身来，来到她的身边，接过她手中的瓷器，仔细端详之后，再回到书案边，进行记录。

隔壁，也就是摔瓶子、罐子制造出各种乒哩乓啷响动的那个隔壁，便是由邵都知坐镇的主场。每次新出炉一批瓷器，邵都知便会从宫里来到窑场，一个一个亲自检查。除了要检查瓷器的形状造型，还要检查釉色、釉质。但凡某项检查不过关，便要接受一种惩罚——这惩罚倒也干脆，就是把那烧制好的瓷器摔成碎片，不让它苟存

南宋瓷器官窑博物馆风光

于世罢了。

又是一阵摔瓶子的声音，真是心狠手辣。高师古有些难过，说："没想到这批新出窑的瓷器不合格的竟然有那么多，恐怕父亲和祖父又要挨训了。挨训不说，整个窑场上上下下，恐怕又有得忙一阵子了。真希望邵都知能放松一点，不要那么严厉。不是我说，那些被他摔碎的瓷器，真的都还挺好的，摔了怪可惜的。"

温如玉瞧了一眼那门。还好那门是关着的，外间的人多，摔瓶子的声音也是很大，外间的人应该听不到高师古的埋怨。

确定安全后，温如玉说道："你要理解他，他有他的难处。你以为他摔着不心疼吗？他摔着不觉得可惜吗？可是他没有办法呀，非摔不可的。你知道，如今举国上下，都崇尚简朴。当然，这也跟咱们的国力有些关系。"温如玉说到这里，回头看了看那门。那门是牢牢关着的，他于是又接着说:"大家对于瓷器的喜好,从上到下,也都讲究色调的幽雅和造型的精巧。你看我们做的瓷器,一般来说,都是以素面为主,又喜好胎薄,施单层釉,做工要精湛,釉层要莹润,要如冰似玉,光亮匀净。你想啊,单是满足其中一个条件,都很需要花些功夫,更何况是要满足所有条件呢?"说到此处,他顿了顿,见高师古虽然噘着嘴满脸不乐意的表情,但还是规规矩矩地听着,心里颇感安慰。便又笑了笑,接着说:"烧制瓷器可不是那么简单的事情啊,不论是你父亲和祖父还是别的师傅,都是要花很大很大的苦功夫的。还有邵都知,你也不要埋怨他。他身上要担起的责任很多,窑场也不过只是其中之一而已,他的压力也是很大的。况且,过段时间官家要祭祀祖先,需要大量的礼器。但是你看啊,咱们窑场烧制的礼器却始终不合格,无论是瓷琮、瓷觚,还是贯耳壶,竟无一个能达标。师师,你换到邵都知的位置想一想,难不难受?紧不紧张?"

"这我知道。"高师古羞惭地低下头。对于邵都知的难处,高师古自然也是晓得的。自从定都临安以来,整个临安便进入了另一种模式。

"靖康之难"是大家无法面对但又不得不面对的历史。在这场摧毁了一个时代甚至一个王朝的浩劫当中,宋朝宫廷所有的礼器、法器,甚至是日常的器皿,都被金人夺走了。宋朝朝廷犹如丧家之犬一般,来到杭州。由于一切都要重新开始,百废待兴,所以对一切关于重建宫廷物品的需求都很大,其中也包括瓷器。因为这个时候,瓷器的作用已经不仅仅是用于日常生活了,还要用于祭祀。①

温如玉见高师古理解了摔瓶的苦衷,便又接着说道:"你可能不知道,也许高师傅还有高老师傅都不会跟你讲,

---

① 《建炎以来系年要录》记载:"祭器应用铜玉者,权以陶木,卤簿应有用文绣者,皆以缯代之。"意思是指原本是铜、玉材质的礼器,权且用陶瓷器、木器来作代替。"卤簿"指的是帝王仪仗队的旗帜。这个仪仗队的旗帜本身应该是要用华丽锦绣制作而成的,但在条件不允许的情况下,也可以用普通寻常的布料来代替。

毕竟你年纪小。但既然咱们在一起做事，我就没有理由不告诉你这些。"

"你说吧。"

温如玉接着说道："建炎二年，官家在扬州设立了一个郊坛，打算祭祀。然而当时礼器已经非常少了，官家如今的这个朝廷，那可是一贫如洗啊！没有办法，他便下诏，命令留守在汴梁的官员带一些残存的礼器过来。这些礼器的材质都是青铜，是徽宗时候铸造的。可是谁能料到，在南渡的过程中，从汴梁带回来的青铜器会遗失在路上呢。遗失了，就没有了，什么都没有了。然而一个国家该有的祭祀还是要有的，怎么办呢？国家穷啊，官家也是没有办法，这才下令用瓷器、木器等物品来代替过去的青铜鼎、炉。邵都知也是临危受命，担起了这个职责。"

高师古点了点头，低声说："这个我多少知道一点的……"

"哦？谁告诉你的呀？你这个小丫头。"

"我……我今年已经十六了，也是不小了，自然是知道的。"

温如玉不禁抬头看了她一眼。她十六了？时间过得真快啊，记得第一次见到她的时候，她才十二岁。而那个时候的他，也是刚刚才成亲。高师傅将高师古领到他跟前时，让高师古管他叫兄长，叫他今后多教她，指导她。想不到一眨眼的工夫，小丫头片子就已经长成了大姑娘。

高师古大约是感受到了温如玉的打量，便向他投去

宋代瓷器

一瞥。谁知温如玉刚撞上她的目光，便连忙收回视线，继续埋首写字。

也便是此时，门开了。高师古被吓了一跳，握住瓶子的手差点儿松开。她转头看去，门口站着个精神抖擞的年轻人，是父亲的得力助手曹大元。父亲很喜欢曹大元，恨不得将来叫他传承衣钵。但高师古觉得他莽撞得很，并不是很喜欢他。

曹大元见门关着，似乎有些不悦，一推开门就嚷嚷道："怎么你们环节这道门老是关着呀，开着不行吗？"

温如玉连忙抬头，说："外面实在太吵了，吵得听不清楚对方在说什么，我们要记录瓷器的形状、细节什么的，所以干脆就给关上了。"

曹大元见高师古不说话，只专心致志地做自己的事，也不知道该说点什么，就摸了摸脑袋，同温如玉说："温

第五章　雨过天青云破处——南宋瓷窑遗址

大哥，听说你平日里喜欢品茶，我这边下午正好要放一窑的器物进去，你看看你要不要顺手给自己捏个茶具什么的，我帮你一并烧制出来。"

"如此甚好，我……"

然而不待温如玉回答，曹大元又转头向高师古问道："师师呢？有没有什么特别想要的陶器、瓷器什么的？我，我给你……我给你捏。"

"我不要。"高师古看都不看他一眼，一口就回绝了。

曹大元瞧着高师古的表情，十分幽怨。

温如玉把到嘴的话又吞了回去。他当然晓得自己只是被曹大元顺口提了一下，曹大元醉翁之意不在酒，在于师师呢。

年轻人，呵。温如玉笑了笑，继续写手上的东西。

温如玉

十二岁，高师古被父亲领着，来到窑场。本来，当时是该母亲前来做工的，但母亲那个时候又怀上了孩子，家中也还要带好几个孩子，所以便让高师古来了。

在选择工作岗位的时候，也是邵都知做的决定。他说高师古是女孩子，不要去做粗活重活，跟着读书人一起做点工，顺便读书习字，将来不至于没有见识。于是，小小年纪的高师古，便被交给了二十出头的温如玉管教。

温如玉是个落榜书生，家中贫困，便一面工作，一面读书。

高师古第一次见到温如玉，便对眼前这个大哥哥产生了本能的信赖。温如玉在窑场很讨人喜欢。他人如其名，长相俊朗，性格温和，对人极其耐心，大家都很喜欢他，也包括高师古。可惜高师古没有足够的才华对温如玉进行赞美。不过窑场里别的文书，却是很慷慨地夸奖过温如玉的。譬如另一班的文书唐施华，就十分欣赏温如玉。唐施华的年纪有些大了，他是个累试不第的老书生，到窑场里来工作，也是为了生活。兴许这辈子，他再也不可能入仕了，但他在窑场里，却是活得颇有滋味。

对于温如玉在窑场里一待就是好几年，唐施华是不大理解的。他觉得以温如玉的才华，留在窑场真是屈才了。他对自己的前途没有什么想法，但对温如玉的前途，却是充满信心的。他说，早晚有一天，温如玉会飞黄腾达，正如窑场里烧制出来的那些精美绝伦的瓷器一般，或被贵人选中，或被官家选中，随侍身旁，对这个社会、这个国家，作出应有的贡献。他觉得温如玉很干净，就像青瓷。对于这个比喻，唐施华是有自己的看法的。他说："青瓷又叫天青色瓷，是瓷器中的上上乘，清透温润如玉一般。我用此器来形容温小官人，绝非信口胡说。你们且看温小官人，虽出身清寒，亦不得志，为人却有着玉一般的品质，有一种洗去铅华的温润儒雅，给人一种淡然从容、莹润如玉的感觉。这，可不就是青瓷吗！"

对于他的赞扬，温如玉羞得拱手，连道愧不敢当。

唐施华又说："话说青瓷出现的年代也是比较早，最早可以追溯到商周时期。南方青瓷的胎质比较坚硬细腻，通体呈淡灰色，釉色则是晶莹纯净，人们常用类冰似玉来形容。北方的青瓷则胎体厚重，给人一种琉璃质感，其釉面有细密的开片，釉色青中泛黄。据说，周世宗[①]在位之时，主管烧制瓷器的大臣曾问他想要什么颜色的瓷器。他思量片刻，挥毫写下'雨过天青云破处，者般颜色作将来'。但很遗憾，这种'雨过天青'的颜色，最终没能烧制出来。也正因为没有烧制出来，才给了后人无尽的想象。"

他又说："以温小官人之质，除了是青瓷之外，还是青瓷中的极品秘色瓷。"

此言一出，顿时引来众人嘲笑。

[①]周世宗即柴荣，亦称"柴世宗"，五代后周皇帝。

温如玉也觉得尴尬，拱手连连告饶。秘色瓷是人间珍品、稀有之物，即便是唐施华出于同事之谊对他进行赞扬，却也赞得过分了些。

可那唐施华仍然说个不停，还同来围观的几个姑娘细细说道："这秘色瓷啊，是越窑青瓷中的特制瓷器。娘子们可知，'秘色'二字从何而来啊？"

姑娘们摇头。

唐施华在众人跟前炫耀的欲望又起，他摇头晃脑说道："相传，'秘色'一名最早见于唐代诗人陆龟蒙的《秘色越器》诗中。这首诗是这么写的：'九秋风露越窑开，夺得千峰翠色来。好向中宵盛沆瀣，共嵇中散斗遗杯。'由此可见，秘色瓷最初便是指唐代越窑青瓷中的精品。"

有娘子问："你方才说，'秘色'是青瓷的一种，那究竟是什么颜色啊？咱们窑场可有烧制过这样的颜色来？"

唐施华捋了捋胡须，说："具体是什么颜色，无法用具体的词汇来进行描述，秘色是非常罕见的颜色，在吴越武肃王[①]时期，是上贡的珍品，老百姓是不可以用的，一时之间我也不知该如何向你形容。但温小官人这样罕见的人才，窑场绝非他长留之地，你们且看，终有一日，他必定飞黄腾达。"

温如玉对于别人的夸奖，从来都是一笑置之。不管别人怎么说，他仍然是他，兢兢业业、踏实工作。但若论真心，温如玉当然不愿意一直待在窑场。可他不得不待。人活着，总有些事情，并非是自己所能左右的。

[①]吴越武肃王指钱镠。

南宋古瓷器

　　唐施华过多的赞誉，温如玉虽然也是一笑置之，可他愿意让唐施华存在希望。因为他知道，唐施华是一个在岁月里蹉跎了理想的人。唐施华自小苦读诗书，半生已逝，却未能施展抱负。唐施华对他的称赞或者说是希望，其实也是唐施华对自己的希望。

　　都是可怜人啊！

　　高师古年纪小，不懂得郁郁不得志的中年人那些细微的心理。她虽听不懂唐施华的言下之意，但却觉得他对温如玉的夸奖是没错的。这些年，高师古一直都跟在温如玉身边，除了帮忙做事之外，还跟着他学习识字，也学习瓷器的常识。

　　在高师古心里，温如玉本来就是一个博学的人。他有耐心，脾气好，有求必应，有问必答，令高师古增长了不少见识。

譬如这一日，高师古与温如玉忙完了手中的活计，被高师傅叫去了修坯区帮忙。很巧，曹大元也在。不过，他可不是过来帮忙修坯的，他是过来指点的。在烧窑这方面，曹大元可是一个能手。

但对于用瓷器做祭祀礼器一事，曹大元却是什么也不懂。他只知道按照图纸烧制礼器，却不知道这个礼器是因何而来，又要为何而去。高师古起初也是不太理解的，她年纪小，读的书不多，见识本来也很短浅。对于祭祀礼器用瓷器，她就单纯地觉得是南渡的原因——国家太穷苦，财力、时间、精力，都不够用，所以不得已而为之。温如玉虽然表示认可，但同时也说出了自己的看法。他说："这是一个方面。但另一个方面，在本朝之初，就已经成规模地使用陶瓷器来祭祀了。徽宗朝时，开始大规模的制造祭器。但当时的君臣也有感于礼器不合古制，便于大观年间设议礼局，着手搜集礼器形制，并且开始为日后改造礼器做出了准备。现在我们看到的这些陶质礼器，就是当时的'新成礼器'。祭祀天地是国之大事，新成的礼器当中，就有大量的陶器。况且，太常寺在绍兴十三年的二月和四月，都重新颁布了《宣和博古图》用来改造祭器。官家在绍兴十四年的七月，也说'国有大礼，器用宜称。如郊坛须用陶器；宗庙之器，亦当用古制度'。你看，用陶瓷来作礼器，也不单是因为朝廷现在的困难造成的。而是我朝'以素为贵'，遵循古礼'尚质贵诚之义'。明白了吗？"

"明白了。"

一旁的曹大元完全插不上嘴，在他的知识面里，只知道紫金土和瓷石可以用来制作什么样的瓷器。窑场所在的这座山上，拥有丰富的燃料资源和矿产资源。然而这一切，却并非是师师所想了解的，她也不需要了解，她的父亲和祖父，比曹大元要了解得多得多，曹大元的这些知识，便是高师古父亲教给他的。他看着高师古满脸崇拜地瞧着温如玉，心里很不是滋味。

他躬身抓起一块陶土，在手中迅速地捏了一个碗。这是一个巴掌大的碗，圆圆的，小巧玲珑。

他想将这个碗拿给师师看，抬头却见师师捏了一个荷叶盖，正献宝似的捧着给温如玉看呢。

曹大元心里很难受，随手抓了一根小木棍子，写下了歪歪扭扭的"高师古"三个字，然后泄愤似的放进准备上釉去的盘子里。虽然这么做了，可还是很生气。他扔掉小木棍子，闷声闷气地说道："你们聊，我到窑室那边去了。"

说完，便气呼呼地走了。曹大元是一个老实人，不懂得如何表达情感，但他知道，无论师师的心此时此刻有没有在他身上，他仍然会坚持喜欢她，正如天资愚笨的他在烧制出更好、更美的瓷器上的执念一样，他是不会放弃的。

修坯场子里人虽然不多，但也并不是只有高师古与温如玉两个人，还有老高师傅，以及四五个大娘。大家听出了曹大元语气里的情绪，不由得将目光投向曹大元的背影。而有的人，却将目光投向了正在聊天的高师古与温如玉身上。

有多嘴的婆子意味深长地瞧了高师古一眼，又笑嘻嘻地朝温如玉问道："温师傅，听说你家娘子新近为你添了个大胖小子？"

温如玉笑道："是啊，是啊，孩子刚满百日，过几日摆酒，还要请大家捧场，热闹热闹啊！"

"那必然是要去的要去的。"

修坯坊里顿时热闹了起来，大家对温如玉家的媳妇与孩子，似乎不约而同地产生了浓厚的兴趣，就连躲在角落里的老高师傅也时不时地说上一句，参与讨论。

高师古原本还静静地听着，可越听，心里越不是滋味。她不明白为什么刚才都还好好的，此时此刻的自己却那么的不开心，更不明白为什么眼眶里总是涩涩的。她努力聚集精神，试图忽略别人在热火朝天地聊着什么，她将全部的注意力都集中在手上，可手中原本捏得好好的荷叶盖却不听话了，它忽然间就歪了个角。她瞧着那个歪掉的角，努力想要修正它，谁料却越修越歪。实在

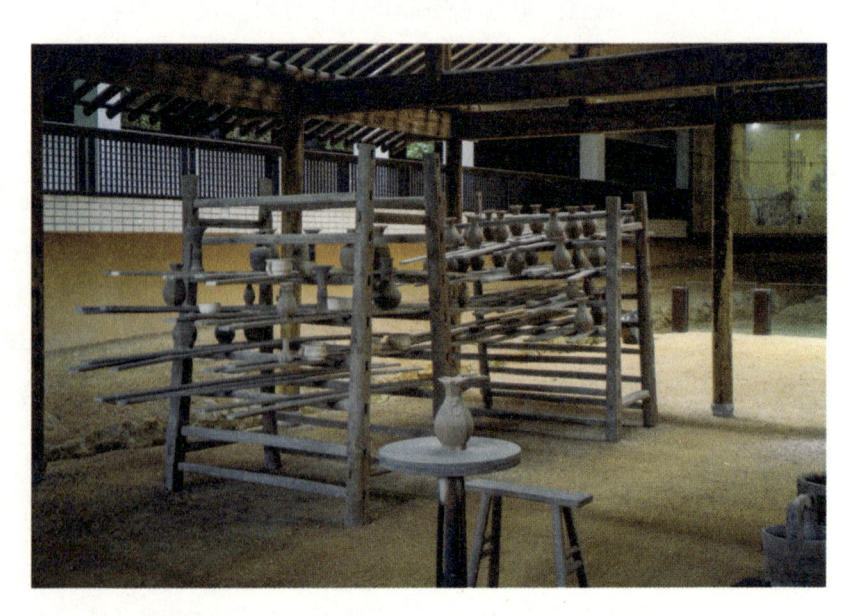

瓷窑风光

是修补不过来了,便负气将那荷叶盖子往地上一扔,起身走开了。

而那温如玉,虽然同婆子们正聊着天,却也留意到了高师古的离去。他的眼神朝着她的裙角瞟了一眼,目光却未追随她的身影而去。他笑着回答婆子们的问题,却小心翼翼地将高师古捏坏了的荷叶盖子收了起来。

一直都在角落里修坯的高老师傅瞧见了整个过程,他满是沧桑的眼里,若有所思。

碎 片

这一年的秋天，在师父和师公的操持下，曹大元娶到了自己心慕已久的姑娘——师父的女儿，窑场物簿处的高师古。

定下婚事的前一个月，窑场发生了不少大事。

首先是新出窑的礼器，得到了官家的高度赞扬，赏赐了不少东西过来，整个窑场上上下下，都十分欢喜。邵都知还借机又新要了一批人来帮忙干活儿，窑场的工作也变得相对轻松了许多。

其次是温如玉有了新的去处。他抄写的瓷器簿被邵都知呈给了官家，官家瞧着这字体面，同徽宗皇帝所写的可谓是一模一样，便召了温如玉面圣。温如玉本来就是个饱读诗书的人，只不过过去的运气多少有些不太够，便一直搁浅在窑场里。面圣的时候，温如玉神采英拔、文雅大方，官家问什么，他答什么，应对有度，叫官家十分喜欢。很快，温如玉便被调到了更适合他的地方去。他高升了，且升得很高。他果然是一个秘色瓷，没有辜负唐施华对他的期盼。

温如玉的高升，令唐施华兴奋不已，他甚至比温如玉还要高兴。这次预测，是他平凡且不得志的一生当中，最大的闪光点与转折点。以至于后来唐施华逢人便说："瞧瞧，我有看人面相的本领吧。温如玉那小子就不是个寻常人，绝非池中之物。"

说得久了，他对自己的"神力"也是信以为真，便在工作之余，干起了替人看面相的营生。邵都知也不管他，只要不耽误手头的活计，便由着他去。都是南渡过来的，都不容易，想要在这片土地扎根，除了实力与运气，也总得想点别的门路去，大家都睁一只眼，闭一只眼罢。

南宋官窑瓷器

温如玉离开窑场之后，一直跟着他做事的高师古便被派给了新来的文书。然而这一次，她却再也没有继续做活的心思，整日里魂不守舍、郁郁寡欢。

高老师傅瞧在眼里，自然是明白的。

他拿出曹大元为高师古烧制的陶碗——那是一个朴素到不能再朴素的陶碗了，更要命的是，碗身上还写着歪歪扭扭的"高师古"三个字。他又拿出新烧制出来的一个青瓷瓶，将两个物件都摆在案上。他什么也没说，只是坐在案前，唤孙女为自己点一杯茶来。

高师古端了茶来，一眼便瞧见了搁在案上的两个瓷器。它们都有自己的用途，但它们共同放在一个几案上，却显得十分刺眼，甚至是滑稽的——它们不般配啊！

高师古自然晓得祖父的意思，她什么也没说，垂着泪出门去了。

高老师傅将刻画有"高师古"字样的陶碗，扔进了要被销毁的竹篓里，又小心翼翼地将新烧出来的青瓷捧回了原先的架子上去——是什么器物，就该有什么用途，这是制窑人心中一直坚守的原则。

没过多久，高老师傅做主，让孙女儿高师古嫁给了徒孙曹大元。但是有一个条件，便是曹大元与高师古的儿子，得姓高。也就是说，曹大元成了高家的上门女婿。

曹大元本就是个孤儿，得高师傅的收留，才能混得一口饭吃，做人家的上门女婿，也不吃亏的。

高家没有儿子，高家的长女高师古，便是儿子。

虽然她知道，自己并不喜欢曹大元。但她还有别的选择吗？

她只能老老实实地嫁了。

此后，她再也没有见过自己曾经的搭档温如玉。

听说，他已经是官家近前的红人了。

千年以后

千年以后,有个热爱瓷器的年轻人在《南宋官窑》这本书上,瞧见了一个刻着"高师古"的轴顶碗。她的目光被吸引住了。这是一个多么朴素的陶碗啊!倘若不是在众多精美绝伦的瓷器当中排列着,想必无法以特别的形式脱颖而出。它的做工极其简单,上面刻画的文字很粗糙,它是理所应当被当成废弃品的——它是被 20 世纪的考古学家从废弃的细小瓷片里刨出来的,出土于郊坛下官窑遗址。

可它原本是属于谁的陶碗呢?

那上面刻画的"高师古"三个字,又是属于谁的名字呢?

没有准确的答案,也令人很难理解,为何在宋代官窑遗址竟然会出土如此朴素的文物。

但是它,却殷勤地为她拉开了在中国陶瓷史上熠熠生辉的宋代瓷器的舞台帷幕。

宋代是陶瓷业发展十分重要的一个时期。宋代陶瓷业分南、北瓷窑体系，南与北又分别具有各自的特色。根据清代的有关文献记载，宋代最著名的有五大窑场，被称为官窑、哥窑、汝窑、定窑、钧窑。"官窑"是宫廷的御窑场，是官办窑场。南宋文人孟元老《东京梦华录笺注》中有记载："宣政间，京师自置烧造，名曰官窑。"南宋叶寘所著《坦斋笔衡》也有记载："政和间，京师自置窑烧造，名曰官窑。"[1]官窑烧制的瓷器，专门用于满足宫廷饮食、祭祀、陈列需求。宋代官窑有北宋官窑和南宋官窑之分，北宋官窑又被称为汴京官窑。由于宋代汴京遗址已沉入地底，所以至今仍然未能确定北宋官窑遗址在什么地方。根据《南宋临安城考古》所述，北宋官窑遗址位于何处有几种说法：一说北宋官窑即为汝窑；二说否认北宋官窑的存在；三说北宋官窑即为汴京官窑，它与南宋时的修内司官窑先后存在。汴京官窑瓷器胎质细腻，胎釉纤薄如纸，釉色有粉红、月白、大绿、灰油等。其器形则有鼎炉、葱管、空足、冲耳、乳炉、贯耳、壶环、耳壶、尊，以及一些仿古铜器等。

北宋灭亡之后，北宋官窑也随之终结。

南宋时期，朝廷在杭州凤凰山麓万松岭附近设立"内窑"，在乌龟山麓郊坛下设立新窑。后来，为作区别，人们通常将凤凰山麓的老虎洞窑址称为"修内司官窑"，将乌龟山麓的窑场称为"郊坛下官窑"。

在老虎洞窑址出土的瓷片中，经过有关专家的拼对整理，拼对复原的器物已超过4000件。老虎洞窑址有24个瓷片坑，这些瓷片坑的出现，也是证明了南宋时期官窑对于瓷器的严格要求。但凡不合规格的，都将被视为残次品，打碎填埋。其中有一个长约2米，宽约1.8米的瓷片堆积坑，其瓷片堆积厚度达到45厘米，出土的瓷片也逾万片，经过拼对可复原的器物将近800件，器

[1] 引自陶宗仪《南村辍耕录》卷二十九。

杭州郊坛下官窑遗址出土的轴顶碗腹部文字"高师古"

形也多达 20 多种。其中有镂空套瓶、青瓷碗、米黄釉盘等精美器物。老虎洞窑址出土的器物包括碗、盘、杯、碟、盏托、瓶、洗、壶等日常生活用具。当然，也有炉、尊等仿青铜礼器瓷。

南宋郊坛下官窑遗址，位于乌龟山西麓，以烧制青瓷而闻名，但在官窑遗址里，却出土了极其朴素的"高师古"轴顶碗。

于是，我在翻阅书籍《南宋官窑》时，脑海里便出现了这样奇特的场景——一张几案上，摆放着朴素的"高师古"，还有精美绝伦的青瓷"温如玉"。

温如玉因何而来呢？

我曾在南宋官窑博物馆看到过一个花口壶，留下了十分深刻的印象。那是一个高 26 厘米、口径 10 厘米、底径 8.5 厘米的花口瓶。它很美，撇口六分花瓣、圆唇、束颈、削肩、圆腹、六棱花瓣形圈足，肩部堆贴对称的铺首衔环，器身分六棱，与口、足相一致，浑然一体。它是黑灰色厚胎，质地很细腻。花瓶的外壁施粉青色厚釉，大开片，内壁的釉质呈灰青色，开细碎裂纹，足底是无釉的，垫烧，呈现紫黑色铁足特征。总体来看，这只花口壶的造型流畅匀称，是南宋官窑瓷器当中的上品。这个花口壶，来自于郊坛下窑址。

它静静地陈列在展柜里，我静静地看着它，牢牢地将它的形状与色泽印在了脑海里。

直到我遇见了"高师古"，故事由此而生。

被废弃的、神秘的官窑遗址，在过去的岁月里，一定发生过许多我们未知的故事。在与古物相接触时，我在凝视它，它也在凝视我。于是我们产生了强烈的共鸣，它带着我，看到那个时代、那个世界，以及那个世界的人们。

在郊坛下官窑遗址，共出土有 3 万余件瓷器碎片及大量的窑具、工具等遗物。经过修复师的比对修复，复原器形达二十余种。除了出土碗、盘、瓶、罐、壶、盆等日常器皿以外，还有一些仿古器形，譬如鼎式、鬲式、樽式、簋式或者带着乳钉的香炉、熏炉、觚、琮式瓶等。

无论是老虎洞窑址还是郊坛下窑址，由于其瓷器主要是供给宫廷使用，所以很少有官窑瓷器流落民间的情况发生。后来，因为朝代的更替，窑场也随之停止经营，便再没有新的官窑瓷器烧制而成。目前留存于世的，除了散落在海外的百余件瓷器外，其他还有少量官窑瓷器

南宋官窑博物馆

珍藏于故宫博物院、南京博物院、上海博物馆以及浙江省博物馆。

再有,便是从两个窑场遗址坑内发掘出来的细小瓷片拼接而成的瓷器了。

宋代,是中国制瓷的高峰时代。宋人追求淡泊优雅、幽眇静定,以至于宋瓷从造型到纹饰,从胎釉到形制,都具有严格的规范。直至今日,仍叫人叹为观止。

【简读南宋官窑遗址】

根据文献记载，南宋朝廷为了满足宫廷饮食、祭祀和陈设等需要，在临安设立官窑，专门生产宫廷日用和祭祀用瓷，通常称南宋官窑，分内窑和新窑。内窑现称"修内司窑"，在杭州凤凰山老虎洞；新窑今称"郊坛下窑"，在杭州乌龟山。20世纪20年代，南宋官窑郊坛下遗址成为最早被发现的古窑址之一。郊坛下官窑遗址包括作坊和龙窑两部分，出土了3万余件瓷器碎片及大量窑具、工具等遗物。1996年，由于暴雨冲刷，在杭州市凤凰山麓、万松岭南面被当地人称为老虎洞的地方发现大量青瓷残片和窑具，老虎洞窑址被偶然发现。1998年至2001年，杭州市文物考古所对该窑址先后进行了三次考古调查和发掘，揭露出宋、元时期不同的陶瓷生产遗迹，其中的南宋层作坊营建考究，出土了大量可拼对成型的瓷片。拼对的瓷器造型优美、制作精良，被多数陶瓷专家确认为历史记载的"修内司窑址"所制。2006年5月，郊坛下窑址与老虎洞窑址被国务院合并公布为第六批全国重点文物保护单位。2021年10月，杭州南宋官窑遗址入选全国"百年百大考古发现"。

参考文献

1. 唐俊杰、杜正贤：《南宋临安城考古》，杭州出版社，2008年。
2. 杜正贤、周少华：《南宋官窑》，江西美术出版社，2016年。
3. 陶宗仪：《南村辍耕录》，中华书局，1959年。

丛书编辑部

艾晓静　包可汗　安蓉泉　李方存　杨海燕
肖华燕　吴云倩　何晓原　余潇艨　张美虎
陈　波　陈炯磊　尚佐文　周小忠　胡征宇
姜青青　钱登科　郭泰鸿　陶文杰　潘韶京
（按姓氏笔画排序）

特别鸣谢

曹晓波　方龙龙　陶水木（系列专家组）
魏皓奔　赵一新　孙玉卿（综合专家组）
夏　烈　郭　梅（文艺评论家审读组）

图片作者

叶志凤　邬大江　孙小明　周少伟　胡　鉴
姜青青　贺勋毅
（按姓氏笔画排序）